U0892038

DETAIL DESIGN of Passenger Railway Station

铁路旅客车站细部设计

（第2版）

郑　健｜主　编

徐尚奎
盛　晖
谭月仁｜副主编

人民交通出版社股份有限公司

北　京

内 容 提 要

本书秉持“畅通融合、绿色温馨、经济艺术、智能便捷”的铁路旅客车站建设新理念，系统梳理总结我国近年来铁路旅客车站工程建设的实践与创新成果，提出了新时期铁路旅客车站细部设计的原则、方法与技术标准体系。全书共13章，内容涵盖了铁路旅客车站各细部的设计要点、参考图和实例图。本书的编写坚持“以人为本、服务运输”的基本原则，图文并茂，重点突出，体现了我国铁路工程建设者“无处不精细、无处不精心”的责任感与使命感。

本书作为工具书，可供从事铁路旅客车站建设、设计、研究及施工的人员参考使用。

图书在版编目（CIP）数据

铁路旅客车站细部设计 / 郑健主编 .— 2 版 .—北京：人民交通出版社股份有限公司，2022.7

ISBN 978-7-114-18056-9

Ⅰ.①铁… Ⅱ.①郑… Ⅲ.①铁路车站—客运站—细部设计 Ⅳ.①U291.6

中国版本图书馆CIP数据核字（2022）第105199号

Tielu Lüke Chezhan Xibu Sheji

书　　名： 铁路旅客车站细部设计（第2版）
著 作 者： 郑　健
责任编辑： 吴燕伶
责任校对： 赵媛媛
责任印制： 张　凯
出版发行： 人民交通出版社股份有限公司
地　　址：（100011）北京市朝阳区安定门外外馆斜街3号
网　　址： http：//www.ccpcl.com.cn
销售电话：（010）85285857
总 经 销： 人民交通出版社股份有限公司发行部
经　　销： 各地新华书店
印　　刷： 北京建宏印刷有限公司
开　　本： 787×980　1/16
印　　张： 16.75
字　　数： 300千
版　　次： 2010年9月　第1版
2022年7月　第2版
印　　次： 2025年9月　第2版　第4次印刷　累计第5次印刷
书　　号： ISBN 978-7-114-18056-9
定　　价： 168.00元

本书编委会

主　编　郑　健

副主编　徐尚奎　盛　晖　谭月仁

主要编写人员（按姓氏笔画排序）

王　敏　方　健　方文彬　刘晓青

光振雄　苏　杭　余文彬　宋　歌

张广平　张立新　张志阳　陈奇会

罗汉斌　周彦华　郑文雄　郝　光

姜　锐　袁　莉　郭旭晖　郭瑞霞

黄　波　黄智勤　龚　雯　梁生武

蒋东宇　鲍　华　蔡　珏　潘国华

前　言

《铁路旅客车站细部设计》一书于2010年首次印刷出版，在全路客站建设中，为广大建设者提供了较为精细化的标准指导和技术支持，对集中大量建设的客站质量品质保证，起到了关键作用。也初步树立起了“细节决定成败”的客站建筑品质观念。十多年来，我国已建成各类铁路客站1700余座，其中不乏一些完成度较高的优秀作品。

进入新时期，中国国家铁路集团有限公司党组提出了“畅通融合、绿色温馨、经济艺术、智能便捷”的铁路客站建设新理念，同时要求围绕客站建设质量，在“精心、精细、精致、精品”上下功夫。广大建设者在近期建设实践中，坚持精品目标、精心设计、精细管理、精致施工，又对诸多细部做法进行了研究改进，不断完善，收获了良好效果。为及时把铁路客站建设质量控制的成功经验和细部做法的优秀案例推广至全路，我们对《铁路旅客车站细部设计》做了此版修订工作。

新版《铁路旅客车站细部设计》，全面总结了十多年来铁路客站工程建设和相关运营经验，继续坚持以人为本、服务运输的基本原则，以确保工程质量安全为重点，进一步规范客站关键部位的细部设计、原材料选用标准和施工质量控制要点等技术要求，为今后打造新时代铁路客站精品，满足铁路客站全寿命周期建设维护需求，提供借鉴经验。

新版全书由原版的11章调整为13章，增加了“集散厅、金属屋面与檐口、质量控制要点”3章，取消了原第七章“吊顶”，其内容修订后纳入到相关章节。本次修订，除对原细部设计进行优化外，补充了母婴室、第三卫生间、商业设施及广告、综合服务中心、金属屋面、检修维护设施、质量控制要点等相关内容。

本书由中国国家铁路集团有限公司总工程师郑健主持，中国国家铁路集团有限公司工程管理中心牵头组织编撰。中铁第四勘察设计院集团有限公司组织专题编写组参与编写和资料收集、整理以及校对工作。

本书编写过程中，中国国家铁路集团有限公司工电部王敏、史宪晟、刘忠海，客运部郑铎、蔡云，鉴定中心韩志伟、李京、姚涵；中国铁路北京局集团有限公司张钢；中国铁路武汉局集团有限公司陈露；中国铁路上海局集团有限公司俞大刚、汪永平、范余华；中国铁路南昌局集团有限公司吴斌；中国铁路南宁局集团有限公司周耿；中国铁路成都局集团有限公司褚松涛、熊巍；中国铁路昆明局集团有限公司李鲁冰；中国铁路设计集团有限公司周铁征、高虹、董城、孙兆军、夏天妍；中铁第一勘察设计院集团有限公司付海生、宋继、殷建春、邓保顺；中铁二院工程集团有限责任公司金旭炜、毛晓兵、巩云；中铁工程设计咨询集团有限公司马国友、孙行；同济大学建筑设计研究院（集团）有限公司魏崴、张东见；中南建筑设计研究院股份有限公司李春舫、熊江、李军；悉地（北京）国际建筑设计顾问有限公司王睦、安宇；华东建筑设计研究院有限公司宋海瑛；中铁建工集团有限公司孟庆军、吉明军、王英、蔡文刚、张文学；中铁北京工程局集团有限公司余茂东；中铁电气化局集团有限公司田万义；中铁建设集团有限公司钱增志、韩锋；中铁城建集团有限公司田玉江；中铁十一局集团有限公司卢杰；中铁十二局集团有限公司范伟等同志参与了审稿工作。在此一并表示感谢！

希望在今后的建设过程中，各相关单位结合工程实践，不断总结和积累经验，并鼓励继续创新。如有修改、完善和补充建议，请及时反馈，以利改正。

《铁路旅客车站细部设计》编委会

2022 年 4 月

目 录

contents

第一章

站房平台

一、设计要点

1　站房平台高差

1.1 站房平台与车站广场、站房连接处坡道坡度不应大于 1∶12，其余场地坡度宜为 0.5% ~ 2%；当采用台阶或台地时，应进行无障碍设计。

1.2 站房室内外高差宜为 150mm ~ 300mm。

1.3 高架平台下部地面原则上不应低于城市广场，且两者之间通过坡道连接；当低于城市广场时应按下沉式设计，并采取合理竖向设计及可靠、有效的防、排水措施。

1.4 站房地下换乘空间与城市地下空间相连接时，站房地下换乘空间不宜低于城市地下空间，两者之间应通过坡道连接，连接处附近应设截水沟等排水设施。

2　高架平台与车道

2.1 车道宜采用框架结构，柱网应与平台柱网对应，立面与站房协调一致，雨水管不宜外露。车道和平台下不设吊顶时外露管线布置应有序、美观，宜穿梁布设。多车道宜设停车岛。

2.2 车道应低于落客平台，高差宜为 100mm ~ 150mm，并应采用路缘石进行分隔。进站口、售票厅出入口、出站口等部位应设置缘石坡道（三面坡），主坡应满足无障碍通行要求。

2.3 车道临空处应设防撞护栏，护栏形式应根据防撞要求和建筑设计要求确定。

2.4 站房两侧应设置宽度不小于 4.0m、与匝道或城市道路顺接的消防通道，消防通道宜采用与匝道或城市道路同标准路面。

2.5 高架平台上设有楼扶梯、电梯出入口时，出入口设置不应与站房主要进出站人流相互干扰，并留有足够缓冲空间。楼扶梯出入口高度和覆盖范围应与站房平台布置协调，造型应轻盈，风格、材质、色彩应与站房统一，并设置防攀爬、防碰撞设施。电梯设置应与站房平面结合，避免独立设置。高架平台设有排烟口时，应结合楼扶梯出入口统一设计。

3　站房平台铺装

3.1 站房平台的铺面形式和铺设方式应与站房室内地面、车站广场铺面相协调。

3.2 站房平台应根据站房柱网和外幕墙的模数确定铺设块材尺寸，块材尺寸应与站房内石材尺寸相匹配，块材短边尺寸不宜小于 600mm，石材厚度不应小于 50mm。铺面的分格应以站房的中心线对称布置，并保证正中间的块材为完整块，中心线处不应设置伸缩缝。

3.3 站房平台铺面应做防滑及防污染处理。

3.4 站房进站口、售票厅出入口、出站口等旅客主要通道处不宜设置井盖、水篦子。必须设置时，井盖、水篦子应坚固、美观，且与石材铺面协调统一。井盖及水篦子过水孔的宽度或直径不应大于 10mm。

4 出入口雨篷

4.1 雨篷高度和覆盖范围应满足造型需要和防飘雨要求。造型应轻盈，材质、色彩应与外幕墙的立面风格统一；主入口处设有外门斗时，雨篷应与门斗统筹设计，门斗上方雨篷应靠近门斗顶部设置。

4.2 雨篷采用带拉杆连接方式时，拉杆不得设在玻璃块或其他面板中间；采用刚性连接方式时，雨篷钢梁应与主体结构可靠连接，不应与幕墙龙骨相冲突；雨篷除应满足受力要求外，其与外幕墙交接处的构造应满足保温、防水和密闭性等要求。

4.3 雨篷屋面板可选用钢化夹胶玻璃或金属板材。屋面板采用玻璃时，不宜选择点式支承方式，玻璃宜选用超白玻璃原片，玻璃厚度应根据计算确定，排水坡度应大于 3%，单块玻璃中部不应出现下挠积水现象，变形性能、耐撞击性能等应满足相关标准及规定。雨篷端部宜采用金属板材收边，且屋面板尺寸宜超出端部钢梁。

4.4 雨篷排水方式应根据地域条件和外挑长度确定。进站厅、候车区、售票厅、出站厅等旅客主要出入口处应采用有组织雨水排放方式，天沟和雨水立管应暗藏，严寒和寒冷地区雨水管应有防冻措施；非旅客通道选择无组织雨水排放方式时，应避免雨水排向主要出入口方向。

4.5 出入口雨篷宜设照明。

5 站房平台防水、排水

5.1 高架平台与高架车道、出站通廊与出站地道等不同结构交接处和变形缝处应进行防水设计和处理，变形缝下方宜设排水沟。

5.2 站房平台临广场侧坡度应坡向车站广场方向，连接处附近应设截水沟等排水设施。

5.3 站房平台上的雨水管应采用暗藏形式，严寒和寒冷等地区应有防冻措施。

5.4 桥面雨水口应根据站房平台和桥面的最大汇水面积计算确定，雨水口宜靠近立柱处，雨水管应隐蔽设置且桥面下不宜设水平段雨水管。

5.5 线侧下式站房与站台挡墙之间应设置排水沟，并在连廊及楼扶梯出入口端部设截水沟。

6　其他

6.1 站房平台应平整、通畅，不应设置影响旅客通行的花坛、雕塑、洞口等障碍物。

6.2 高架平台或高架车道的临空处立面应与站房主体协调、统筹设计。下部公共通行空间独立柱、实体墙面阳角应采用圆弧处理。采用石材干挂时，阳角石材宜为整石柱。

6.3 站房平台上的消火栓、地上式水泵结合器不应设在影响旅客通行处，必须设置时，应采用室外地下形式，且应有排水设计和明显标志；严寒和寒冷地区应有防冻措施。

6.4 站房周边的围墙、院门形式应与站房建筑风格和周边环境相协调，院门宽度应满足消防车通过要求。

6.5 站房内通往地下的出入口及各类管井、风亭开口的标高均应满足站房洪水位或内涝水位的相关设计规定。

二、参考图

1　室内外高差及场地排水坡

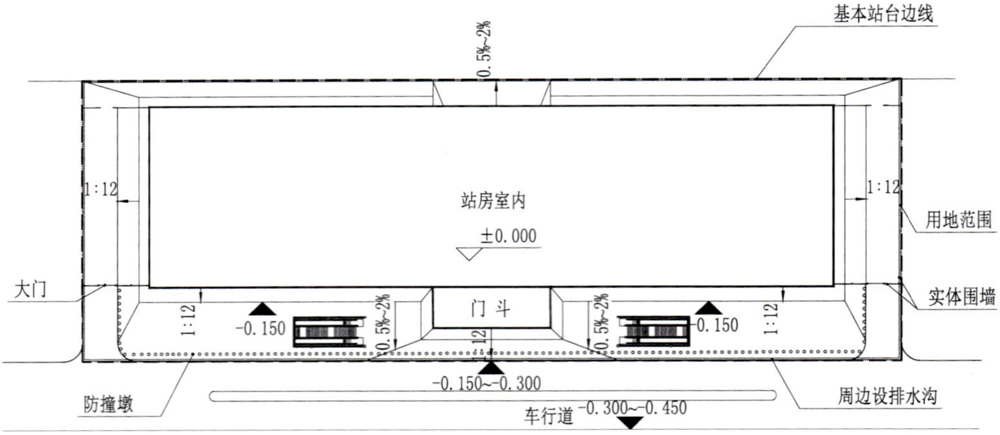

图 1.1　站房周边标高、坡道

2　高架平台

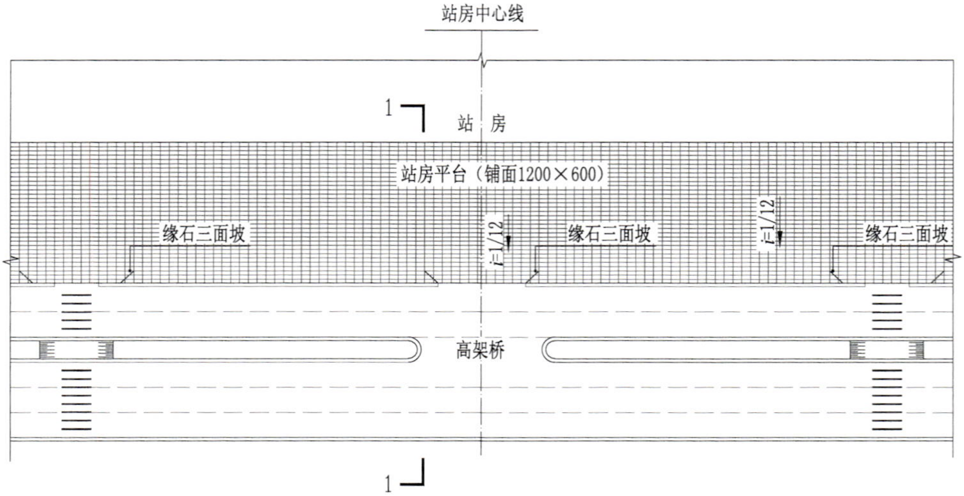

图 1.2-1　站前高架平台平面图

注：本书参考图中未注明单位的尺寸数字单位一律为mm；标高单位一律为m。

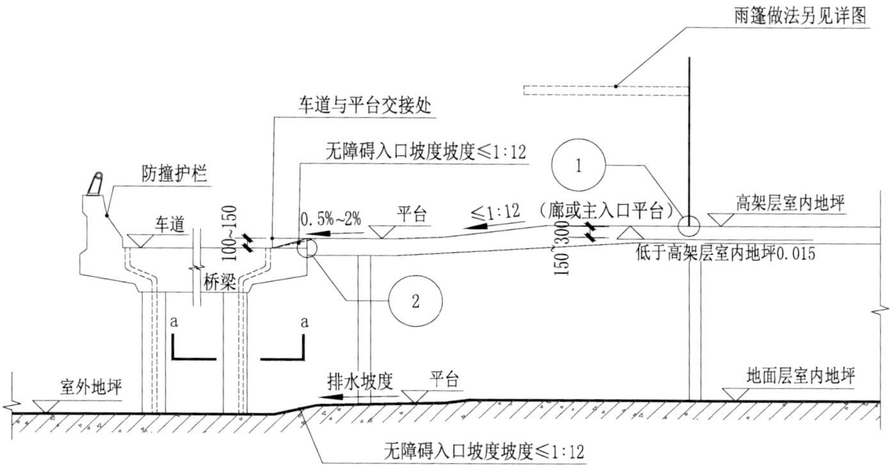

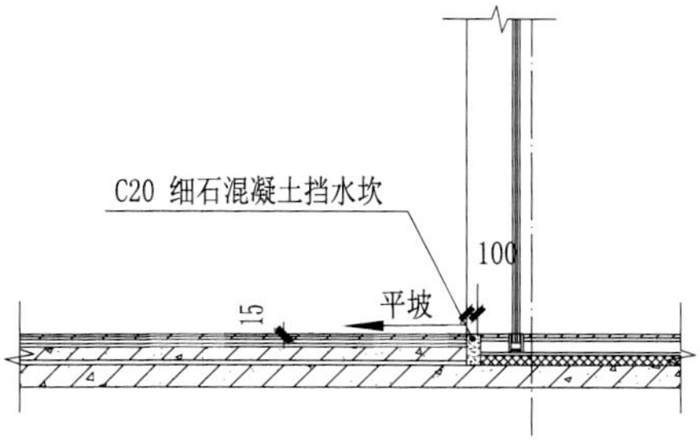

①

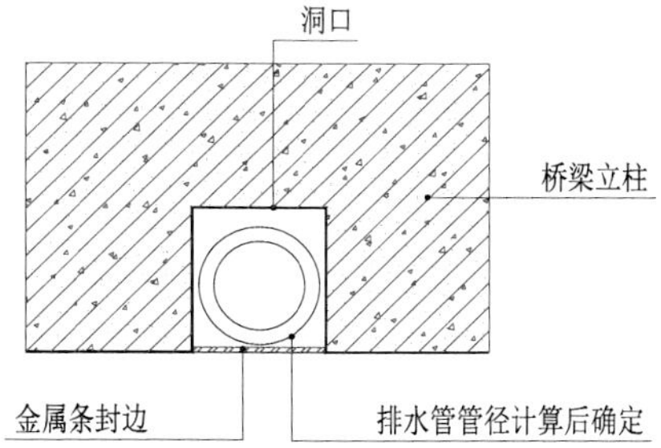

a-a剖面

图 1.2-2　1-1 剖面图

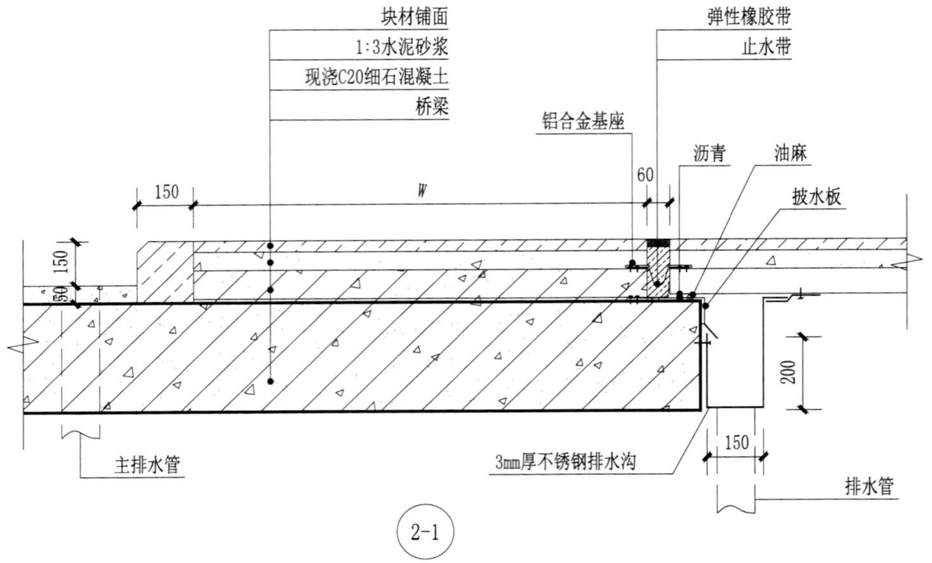

图 1.2-3　高架平台与车道连接处变形缝（一）

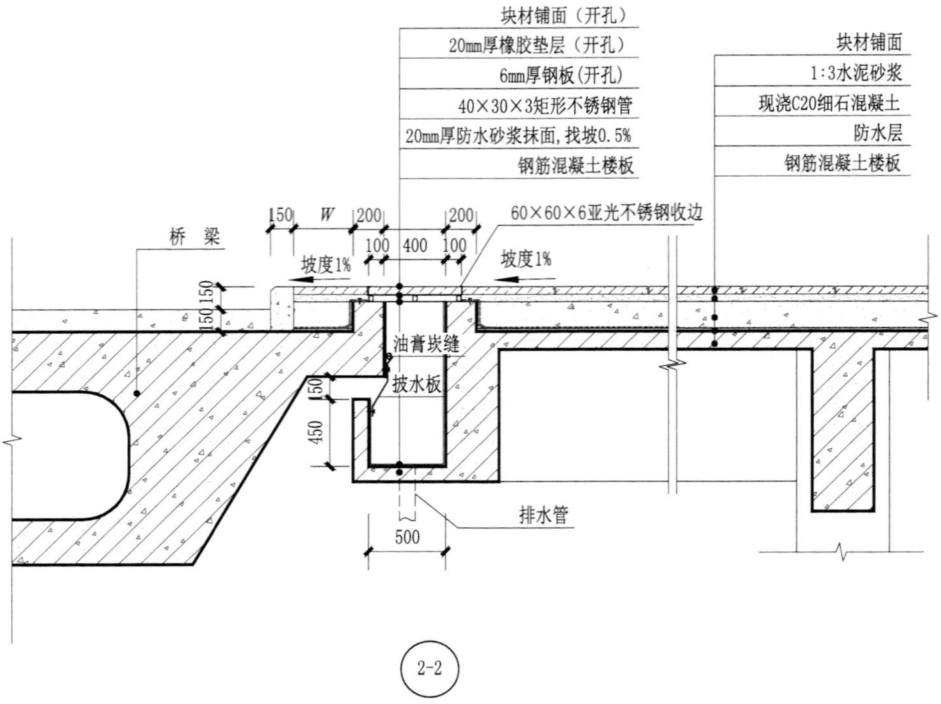

注：1. 披水板为不锈钢或铝合金板，长度过缝；
2. 模板必须全部取出，不得遗漏。

图 1.2-4　高架平台与车道连接处变形缝（二）

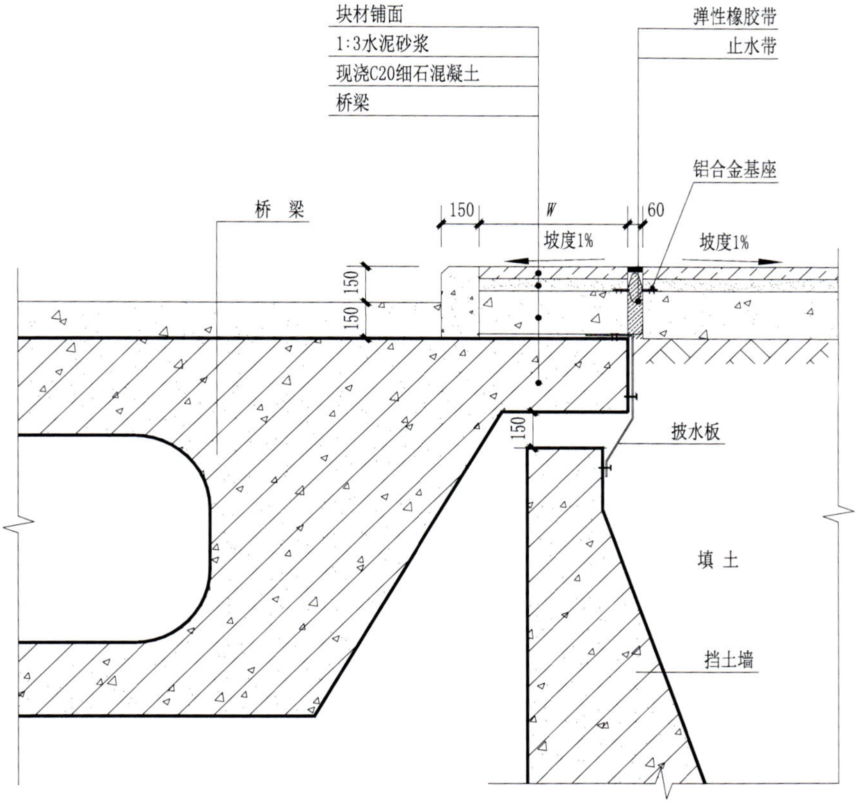

注：披水板为不锈钢或铝合金板，长度过缝。

2-3

图 1.2-5　高架车道与挡墙连接处变形缝

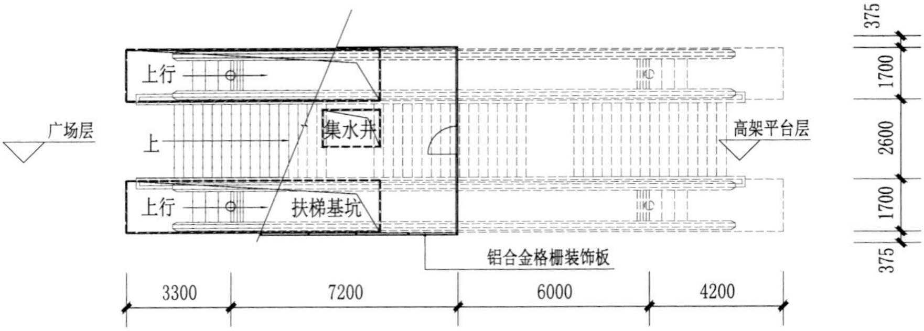

a) 高架平台出入口广场层平面图

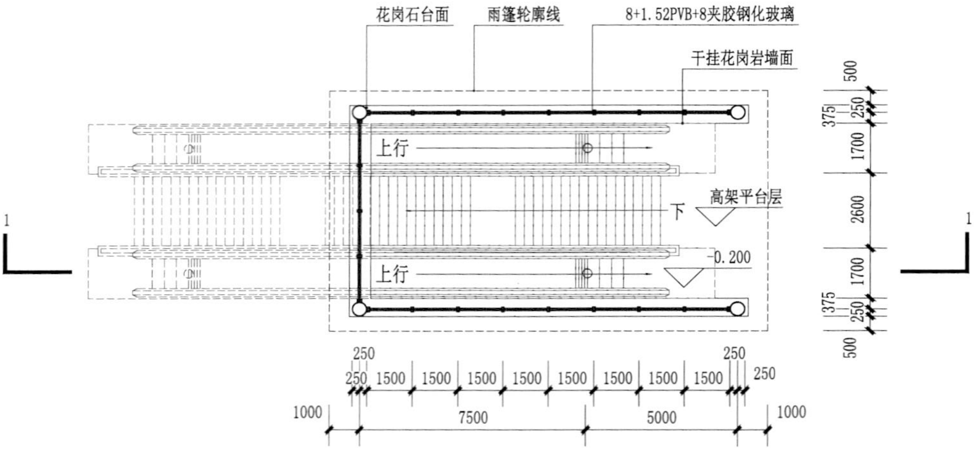

b) 高架平台出入口高架层平面图

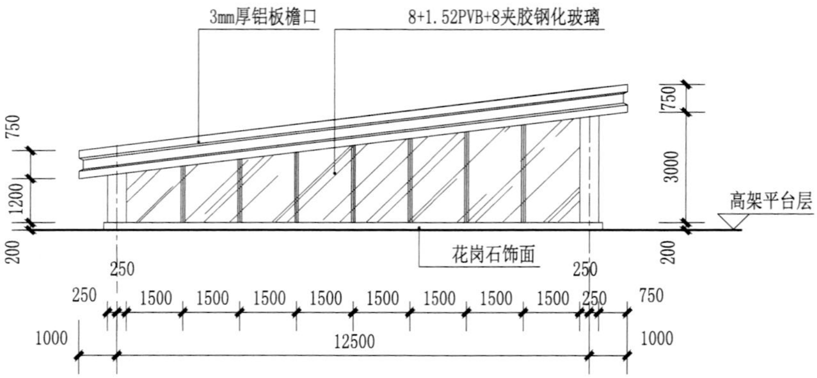

c) 高架平台出入口立面图

图 1.2-6

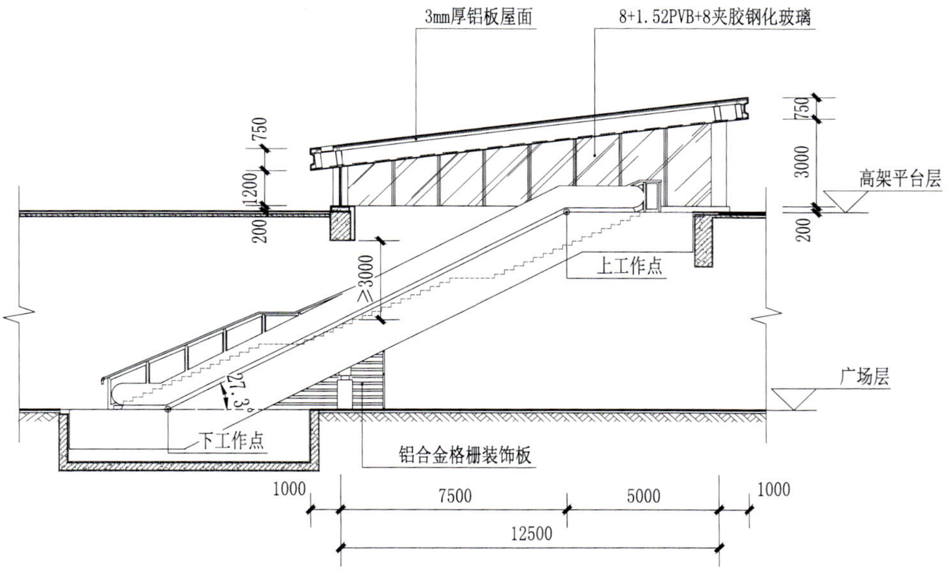

d）1-1剖面图

注：楼扶梯尺寸根据单体设计。

图 1.2-6 高架平台出入口

3 排水沟

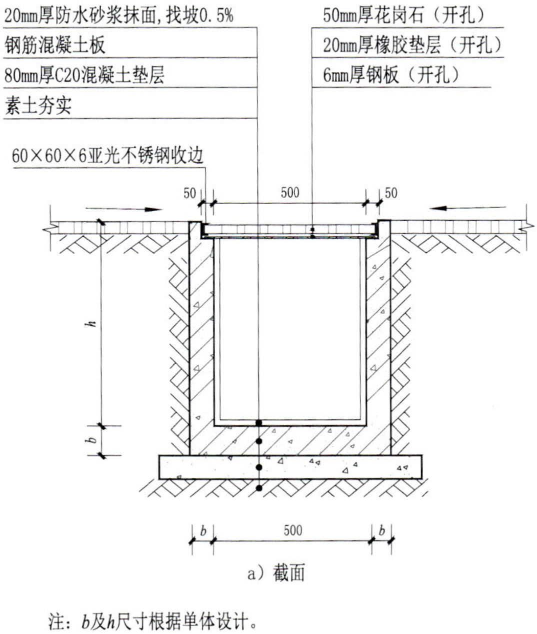

a）截面

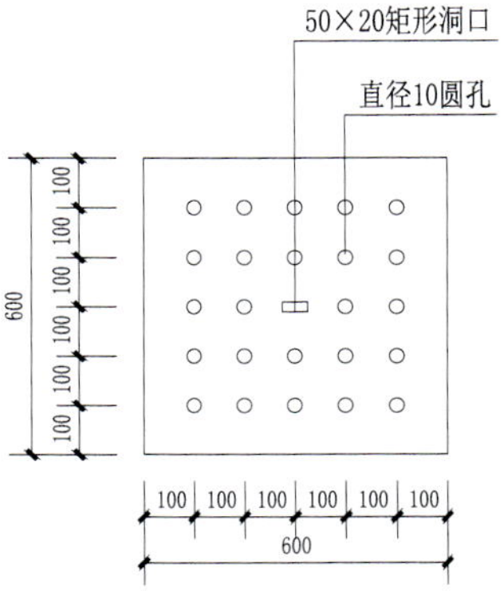

b）盖板

注：b及h尺寸根据单体设计。

图 1.3-1 排水沟（一）

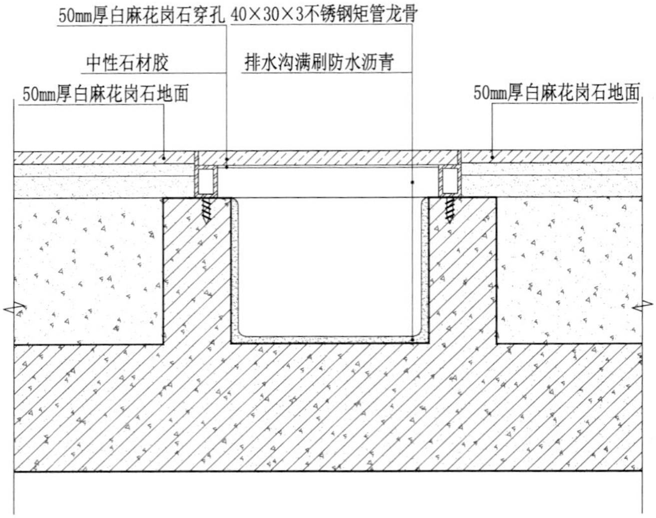

图 1.3-2　排水沟（二）

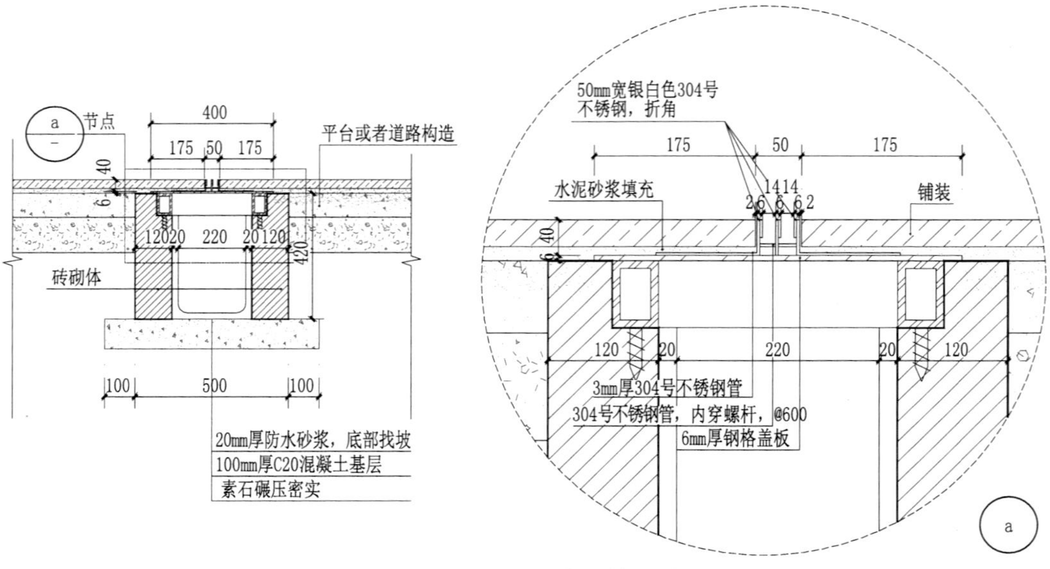

图 1.3-3　不锈钢线性排水沟

4 入口雨篷

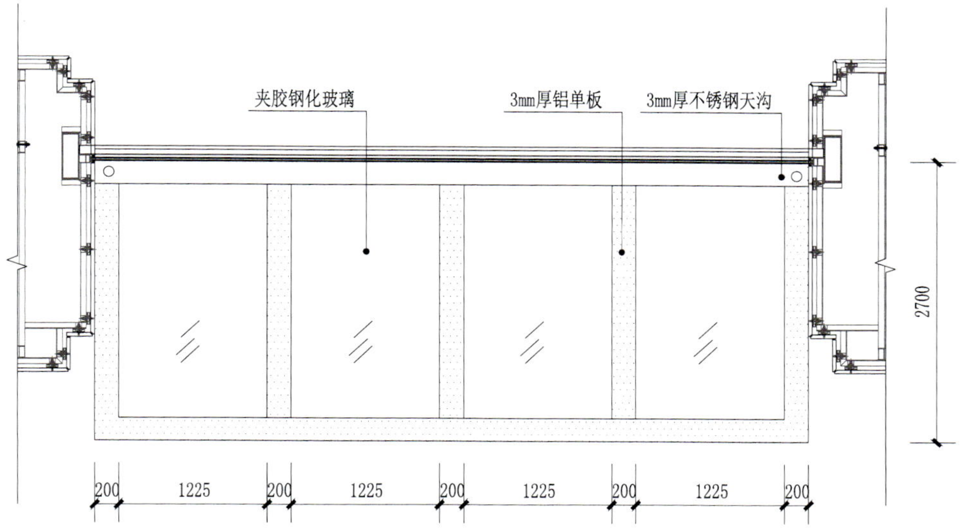

a）雨篷平面布置图

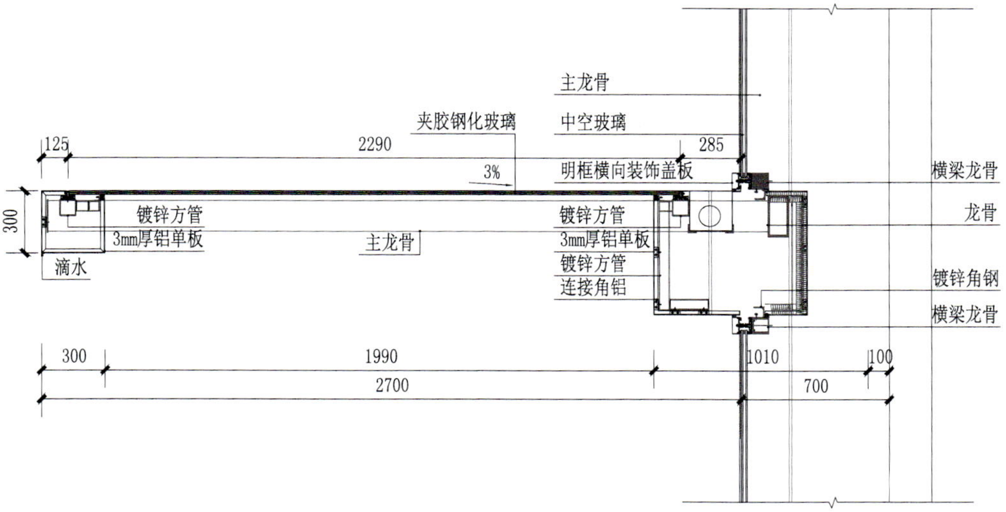

b）雨篷剖面大样图

注：外墙为玻璃幕墙，基本风压 0.45kN/m²，基本雪压 0.60kN/m²，抗震烈度 7 度（0.10g）。雨篷为玻璃雨篷，钢梁为方钢。排水方式为有组织排水。玻璃厚度及结构构件尺寸由设计计算确定。

图 1.4-1 入口玻璃雨篷（一）

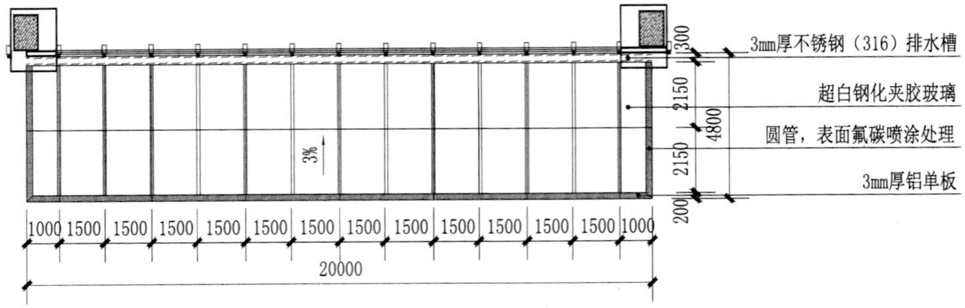

a）雨篷平面布置图

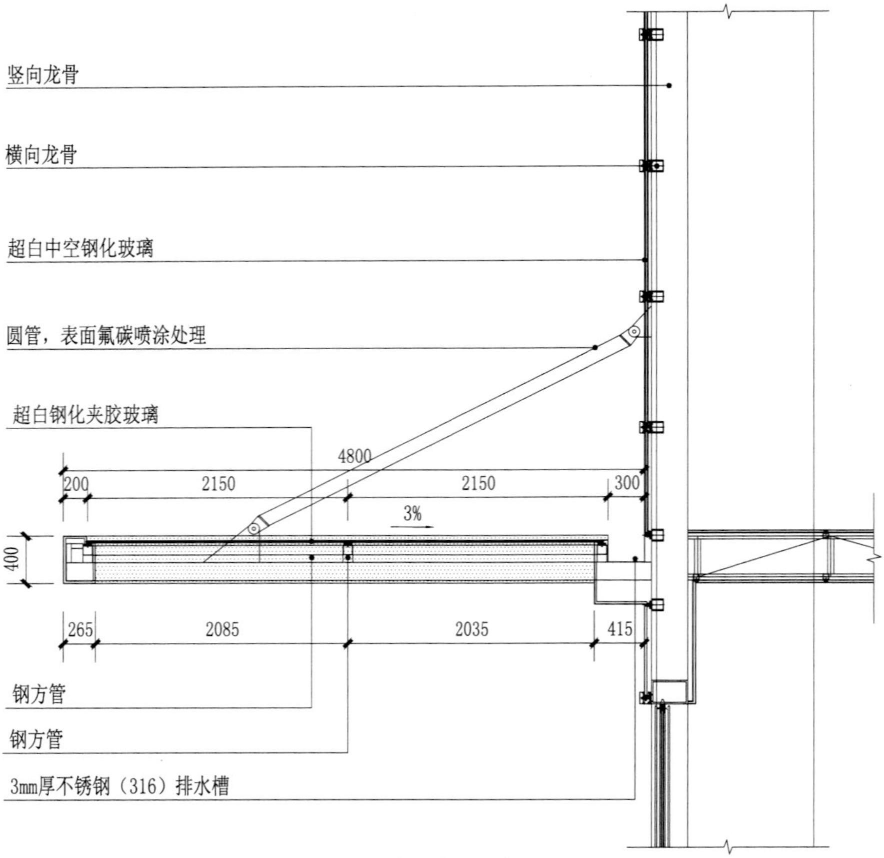

b）雨篷剖面大样图

注：外墙为玻璃墙，基本风压 0.35kN/m^2，基本雪压 0.60kN/m^2，抗震烈度 6 度（0.05g）。雨篷为上拉压杆 + 铰接玻璃雨篷，钢梁为方钢；排水方式为有组织排水。玻璃厚度及结构构件尺寸由设计计算确定。

图 1.4-2　入口玻璃雨篷（二）

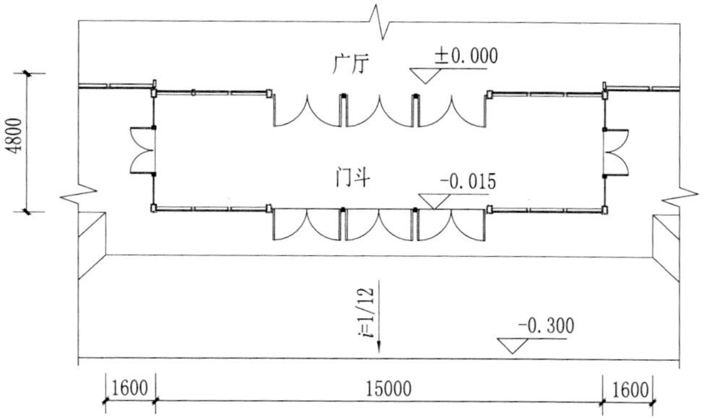

a）入口雨篷与门斗结合平面图

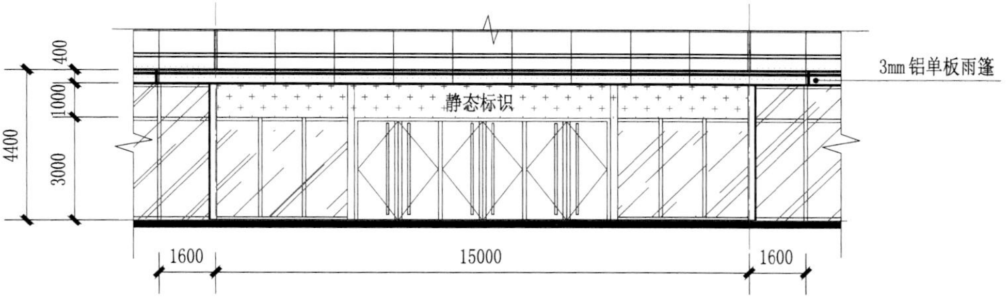

b）入口雨篷与门斗结合正立面图

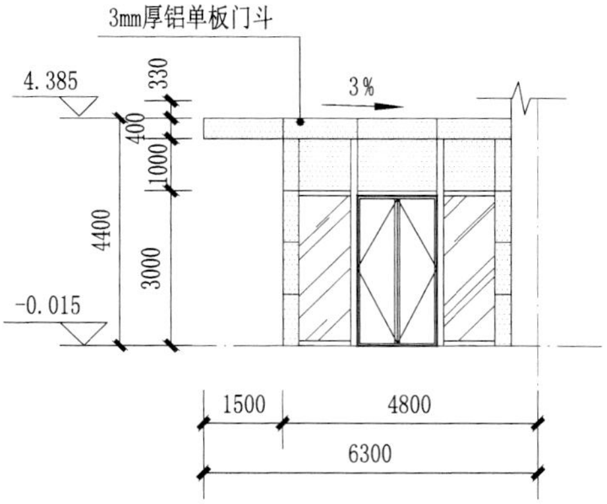

c）入口雨篷与门斗结合侧立面图

图 1.4-3

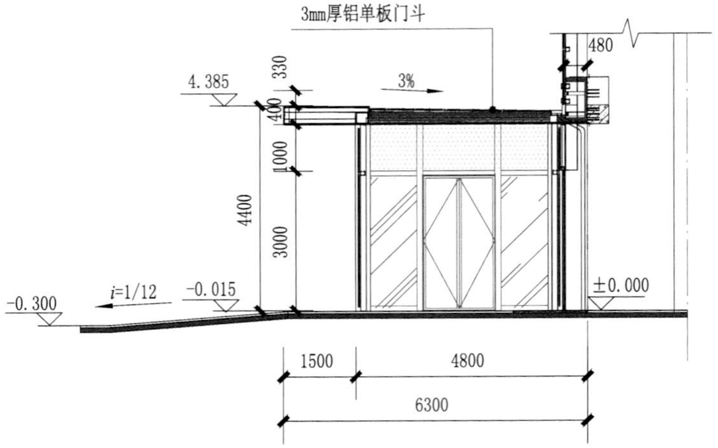

d）入口雨篷与门斗结合剖面图

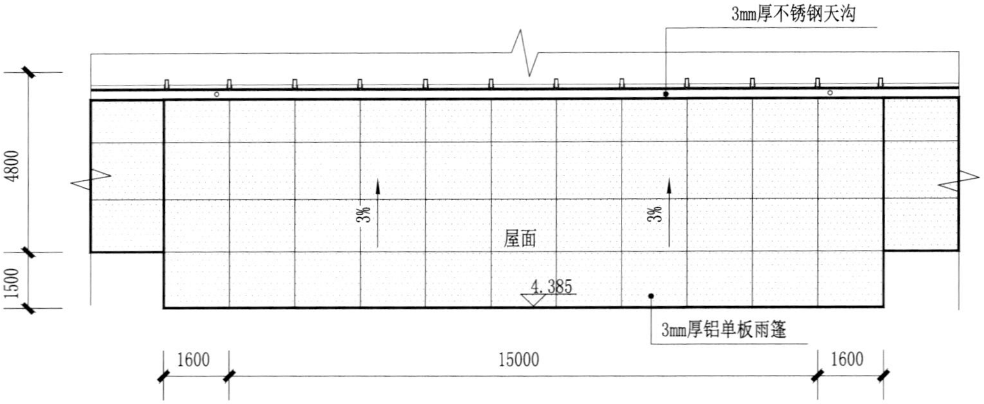

e）入口雨篷与门斗结合屋面图

图 1.4-3　入口雨篷与门斗结合

三、实例

实例 1-1　落客平台缘石坡道

实例 1-2　高架平台与桥梁连接处铝盖板变形缝

实例 1-3　高架平台车道防撞护栏

实例 1-4　高架平台出入口

实例 1-5　入口玻璃雨篷 + 铝板收边（方钢）

实例 1-6　线性排水沟（适用于汇水面积较小区域）

实例 1-7　高架平台下独立柱阳角处理（一）（石材）

实例 1-8　高架平台下独立柱阳角处理（二）（铝板）

第二章

集 散 厅

一、设计要点

1 门斗

1.1 设有空调、供暖系统的站房主要出入口应设置门斗，减少无组织渗风。

1.2 门斗宜采用外门斗形式，应与整体外部造型及入口雨篷统一协调。

1.3 门斗内不应设置实名制验票、安检等功能性设施。

1.4 门斗正面应设门，两侧宜设门。大型及以上客站和重要客站站房门斗宜居中设置电动推拉门。

2 进站集散厅

2.1 进站集散厅应根据高峰小时发送量设置安检、实名制验证设备及旅客候检空间，进站信息屏前应有充足的停留空间，进站信息屏应与室内装修结合设置。

2.2 进站集散厅与候车厅共用空间时，功能布局应明确，流线应清晰，主要流线不应交叉。

2.3 实名制验票设备前应预留长度不小于4m的排队距离；实名制验票点至安检仪排队端头应预留缓冲区，长度宜为3m；安检仪前应预留长度不小于3m的排队距离。

3 出站集散厅

3.1 出站集散厅检补票室应设补票窗口，补票窗口形式应与售票窗口一致。补票室应设防静电地板，室内不应设置其他非客运作业设备设施。

3.2 出站集散厅检票口栏板应与检票闸机结合布置，检票口与城市通道间应设置不低于2.2m高的隔离设施，对应检票口位置设置可锁闭的门。

3.3 出站集散厅设备管理用房开门位置不宜面向公共区域，无法避免时，开门大小应与墙面模数协调。

3.4 出站集散厅应设公共卫生间。

3.5 出站集散厅检补票室应设置在付费区检票口附近。

4 其他

4.1 地面、墙面的装饰材料尺寸应根据空间大小确定；地面、墙面材料应统筹规划模数，对缝、对位、对称布置。

4.2 吊顶形式应简洁，颜色应与空间整体风格协调。

4.3 出站集散厅吊顶后室内净高，大型及以上客站不宜小于5m，中小站客站不宜小于4m。

4.4 出站集散厅采用离缝吊顶时，条板方向宜与人流方向垂直。

4.5 设有空调、供暖系统的站房公共区主要出入口均应设置空气幕。严寒地区应采用热空气幕，寒冷地区宜采用热空气幕。且严寒地区和寒冷地区应设置保暖门帘。

4.6 空气幕宜设在门的上方，出口风

速不宜小于10m/s，噪声不宜大于65dB（A）。空气幕明装时，应通长布置，选型应美观，色彩及材质应与室内装修相协调；空气幕暗装时，外部装饰材料应与室内装修相协调，并满足滤网更换以及设备检修要求，不应遮挡风口。

4.7 安全出口标识的大小、材质应与室内装修相协调，宜镶嵌在墙面上或结合引导标识设置。

4.8 大型及以上客站宜设置商务座及高星级常旅客专用实名制验票、安检通道。

4.9 直接对外的出站口应设防雨设施。

二、参考图

1 门斗

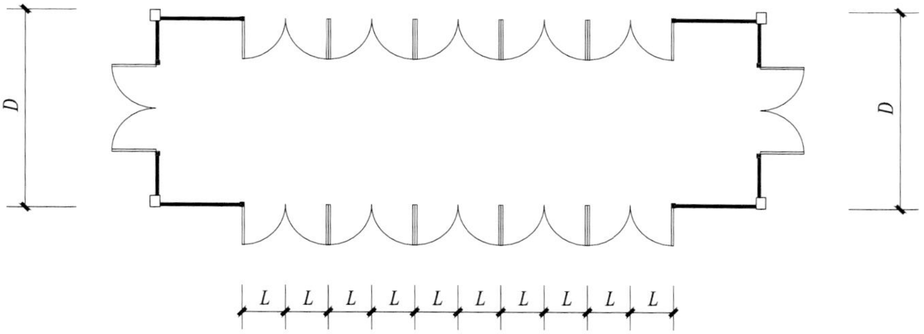

注：1050mm ≤ L ≤ 1200m，3600mm ≤ D ≤ 4800m。

图 2.1-1 中小型站房门斗平面图

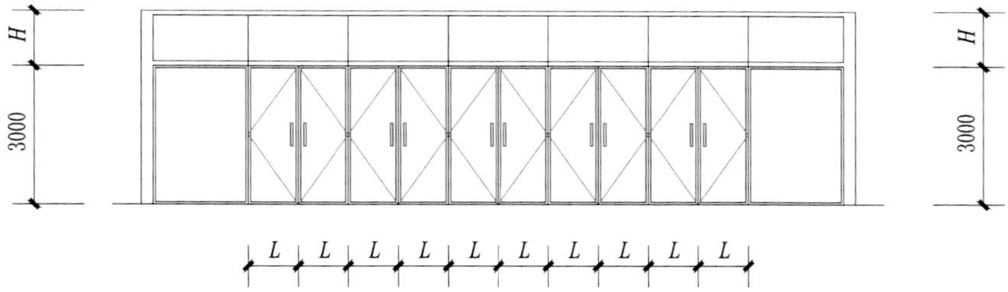

注：1050mm ≤ L ≤ 1200m，H ≥ 900mm。

图 2.1-2 中小型站房门斗立面图

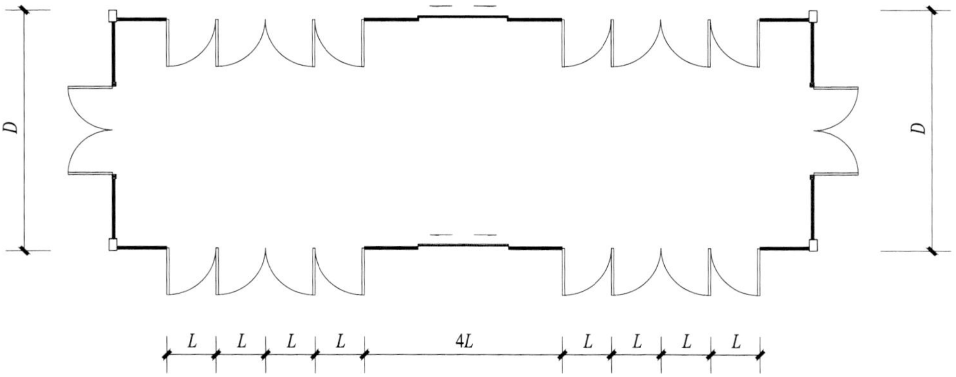

注：1050mm ≤ L ≤ 1200m，3600mm ≤ D。

图 2.1-3 大型及以上站房门斗平面图

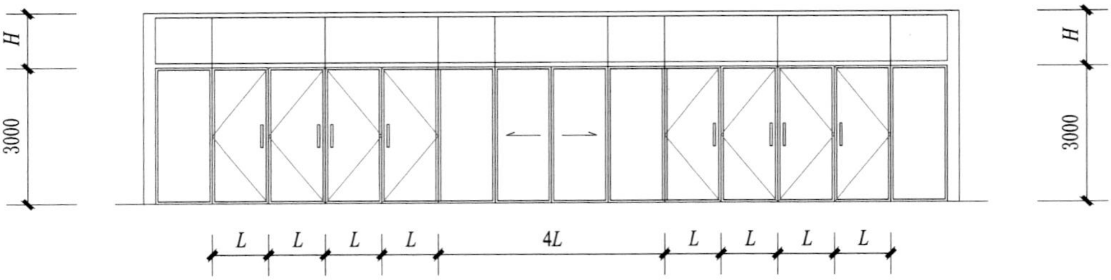

注：1050mm ≤ L ≤ 1200mm，H ≥ 900mm。

图 2.1-4　大型及以上站房门斗立面图

2　出站检票口

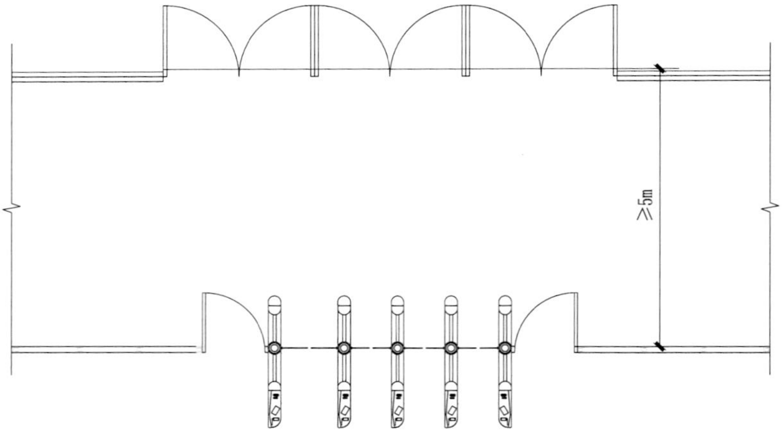

图 2.2-1　出站检票口栏板与闸机平面图

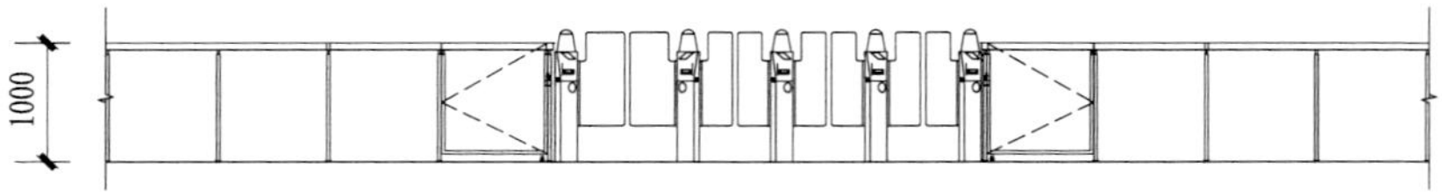

图 2.2-2　出站检票口栏板与闸机立面图

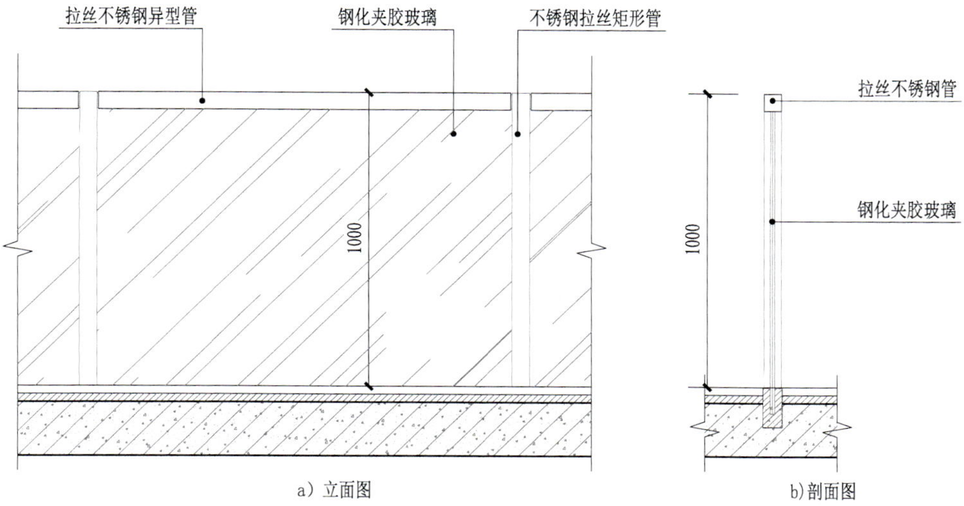

图 2.2-3　出站检票口栏板图

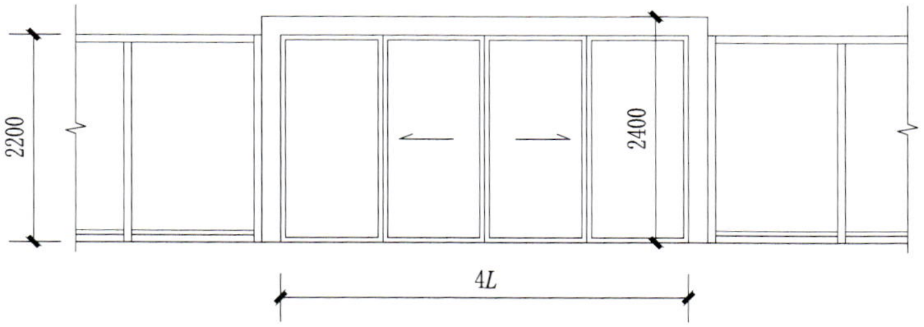

注：1050mm ≤ L ≤ 1200mm。

图 2.2-4　出站检票口与城市通道间设置隔离设施图

三、实例

实例 2-1　门斗与雨篷结合

实例 2-2　门斗内部

实例 2-3　检票闸机

实例 2-4　检票栏板

实例 2-5　出站检票口与城市通道间采用玻璃栏板隔离

实例 2-6　明装空气幕

实例 2-7　暗装空气幕

第三章

候　车　区

一、设计要点

1 地面

1.1 地面块材规格的选择应按照经济艺术原则，综合考虑建筑模数、板材对缝、整体效果等因素确定。大型及以上客站地面石材不宜小于 $1m^2$，中小型客站地面石材不宜小于 $0.64m^2$。

1.2 进站口地面正中央不应设变形缝。

1.3 地面变形缝盖板应满足清扫车辆通行承载要求，宜选用铝合金盖板。

1.4 候车厅地面应比相邻的卫生间、饮水处地面标高高15mm，交接处应采用缓坡连接。

2 墙面

2.1 同一墙面相同标高的横梁截面大小、高度应保持一致，整体应协调美观。

2.2 同一墙面门洞口宜在同一高度，与候车厅相连的门洞宜采用石材、铝板做门套或阳角收边设计，其色彩、样式应与整体协调；墙面门楣正中不应出现拼缝。

2.3 墙面上设置的各类控制面板和风口应与墙面分格协调；控制面板不宜设置在公共区域，并宜按功能集中设置。

2.4 回风口设置在墙面时，回风口材质宜选用与墙面相同或相近的材料，色彩应与墙面材料色彩相协调，洞口尺寸应与墙面材料对缝。

2.5 墙面与水平面夹角小于 75°时，严禁采用倒挂石材做法。旅客活动区通道上方及两侧的装饰面层、悬挂设施等，构造应牢固耐久。

2.6 公共空间内部的方形柱子和实体墙面阳角，均应做半径不小于 15mm 圆弧处理。

2.7 墙体设有变形缝时，装饰面层及基层设计应充分考虑变形构造措施，并满足装饰美观需要。

2.8 室内块材之间的拼接缝宜采用密缝或压扣条的形式进行构造处理，不宜打胶处理，并应根据块材大小设置拼接缝缝宽。

2.9 墙面采用干挂石材时，石材板的单块面积不应大于 $1.5m^2$。

3 吊顶

3.1 吊顶后室内净高，大型及以上客站不宜小于 5.5m，中小型客站不宜小于 5.0m；采用跌级吊顶或弧形吊顶时，吊顶后室内净高最低处不应小于 4.0m。

3.2 吊顶应与幕墙分格相协调，不与窗或玻璃幕墙冲突，无法避免时，应采取处理措施。

3.3 吊顶以上空间墙体及顶部应密闭。

3.4 吊顶面板及龙骨应在变形缝处断开。

3.5 吊顶采用离缝形式时，应根据空间关系及板宽确定板缝宽度（表 3-1）；板宽与缝宽的比例应结合消防要求统筹考虑。吊顶内部的各种构件及管线应平整、有序，颜色应与整体装修风格相适应。

板宽与缝宽比例 表 3-1

吊顶后室内净高 H（m）	板宽与缝宽的比例	板宽范围（mm）
4.0 ～ 6.0	2.5：1	80 ～ 150
6.0 ～ 11.0	2.0：1	80 ～ 180
11.0 ～ 15.0	2.0：1	100 ～ 200
15.0 ～ 20.0	1.5：1	150 ～ 300
>20.0	根据建筑设计确定	

3.6 采用铝合金条板离缝吊顶时，其周边应设铝单板收边，条板应高于收边铝单板并对缝。

3.7 吊杆长度大于 1.5m 且不大于 2.5m 时，应设置反支撑，反支撑间距不宜大于 3.6m，与墙面距离不应大于 1.8m，反支撑应相邻对向设置；吊杆长度大于 2.5m 时，应增设钢结构转换层。

3.8 柱顶及其他结构杆件与吊顶相交处应进行节点设计。

4 标识

4.1 候车区内标识系统的综合显示屏和静态标识尺寸应根据站房空间的特点确定，并应与室内空间整体统筹设计。室内大空间的标识宜选用贴墙安装或结合空间内其他构筑设施安装。落地式标识牌应结合候车区布局设置，不应影响旅客通行。

4.2 进站主入口处的显示屏尺寸和高度应按方便旅客识别的要求确定。

4.3 单面屏背面应结合室内效果进行装饰。

4.4 消火栓、灭火器、水炮控制盘、电动排烟窗手动按钮等消防标志牌尺寸应与主体比例协调，并应设置在分格块的正中间，灭火器、水炮控制盘和消火栓宜组合设置。

4.5 地面疏散标志指示灯应与地面的铺装协调统一；门楣上方出口疏散标志宜居中嵌入墙体。

5 母婴室

5.1 母婴室应设置在便于人员出入的位置，不应与卫生间共用入口，隔墙应满足隔音要求。

5.2 母婴室净高不应小于 3.0m，使用面积应根据客流量计算确定，且不应小于 $10m^2$。母婴室宜满足自然通风及采光要求。

5.3 母乳哺育设施的指示标识应完整、清晰。

5.4 室内装饰应选用节能环保材料；内设家具应选用坚固安全、无尖锐棱角的材料；地面铺装应采用防滑、易清洁的材料；门窗和哺乳区域应采取隐私防护措施；室内照明设施应选用可调节光线的灯具，不得使用射灯、镭射灯等非漫反射光源。

5.5 母婴室门宜向外开，门上应有平放或斜放扶手，门应设有防夹功能，可采用电动开启门。

5.6 母婴室应配置供哺乳用的座椅、带安全扣的婴儿尿布台、婴儿床、放置哺乳用品的桌子、提供热水和洗手液的流水洗手台、垃圾桶、安全镜子、电源插座，以及保护哺乳私密性的门、帘子等基本设施设备；可根据需要配置恒温空调、热奶设备、呼叫设备。

5.7 母婴室内应设置到发通告终端。

6 候车区商业设施及广告

6.1 商业设施及广告应结合旅客流量、流线等情况适度布置，应沿主要客运流线分布，商业动线与客运流线应有机融合。商业设施规模及布置方式应符合现行《铁路旅客车站设计规范》(TB 10100) 及《铁路工程设计防火规范》(TB 10063) 的有关规定。设置商业夹层的车站，应根据商业面积和需求设置自动扶梯和电梯。

6.2 商业设施及广告的装修色彩、风格应与站房整体风格相协调，并应突出商业氛围，与站房有机融合，体现地方文化特色。

6.3 客站设计应根据商业设施性质预留给排水、通风空调、电力接口条件。封闭的商业设施室内温度应按夏季25℃～28℃、冬季18℃～24℃设计。商业消防设施宜与站房同步设计，用电、用水、用能等应设置独立的计量装置。给水排水管道应预留至室内，空调通风系统应预留设备用电量、室内新风、送风、排风风管及空调水管接口。

6.4 广告灯箱及多媒体屏尺寸、色彩应与室内装修风格相协调，与墙面分格对缝。

6.5 广告设施可与客站静态标识、客服显示屏等结合设置。

7 其他

7.1 候车区采用屋顶采光时，宜采用漫反射光处理形式，并应根据不同地域的气候特征选择透光材料；采光顶在不同材料交接处应采取可靠的防水措施。屋顶采光顶透光区域下部不宜布置管线。

7.2 采光顶顶面不宜设置可开启扇。立面电动排烟窗应与候车区立面整体风格相协调，开窗器应与幕墙窗结合设置，宜采用隐藏链条式。

7.3 防火卷帘门安装除应满足功能要求外，还应达到相应的室内装饰效果；防火卷帘应隐藏在吊顶内，吊顶边缘与防火卷帘间距宜为30mm～50mm；防火卷帘门与楼板、梁、墙、柱之间的空隙应进行防火封堵。

7.4 候车区宜设置普通候车区、商务候车区、重点旅客候车区、儿童候车娱乐区、军人候车区、母婴室等功能区域。

7.5 线正上式和线正下式集中候车区的进站检票口宜设置在候车区两侧，相对布置的检票口之间距离不应小于 35m。

7.6 高架候车区进站检票口与室外相通处应采取防风措施。

7.7 中型及以上客站应设服务台。服务台尺寸、样式应根据功能、室内空间、结构要求确定，具体样式和预留条件应符合相关规定。

二、参考图

1 进站检票口

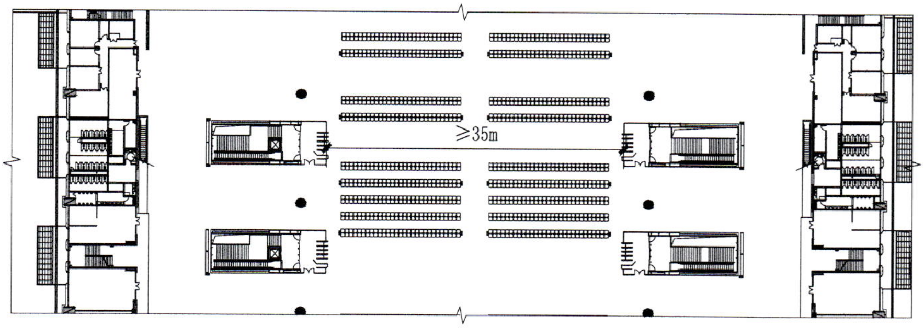

图 3.1 进站检票口距离

2 候车室楼地面变形缝

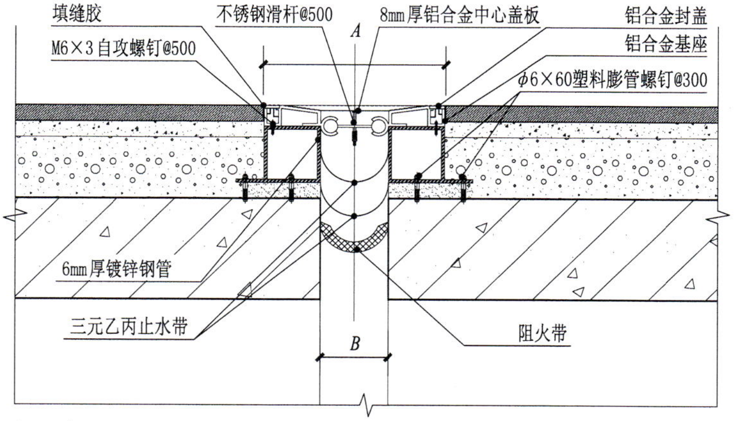

注：图中 A、B 根据单体设计。

图 3.2 楼地面变形缝

3 候车室墙面门套

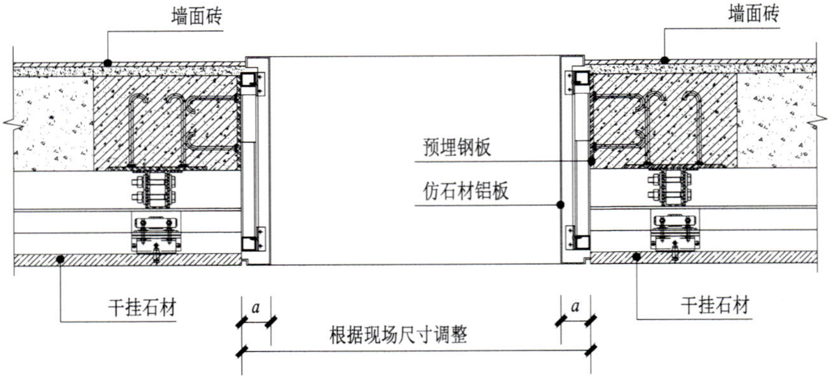

a）平面图

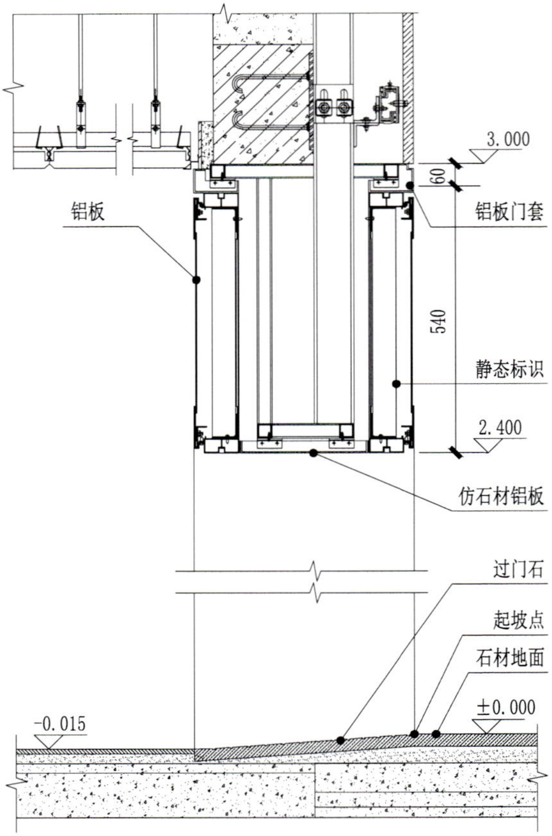

b）剖面图

注：图中 *a* 根据单体设计。

图 3.3-1　铝板门套平面及剖面图

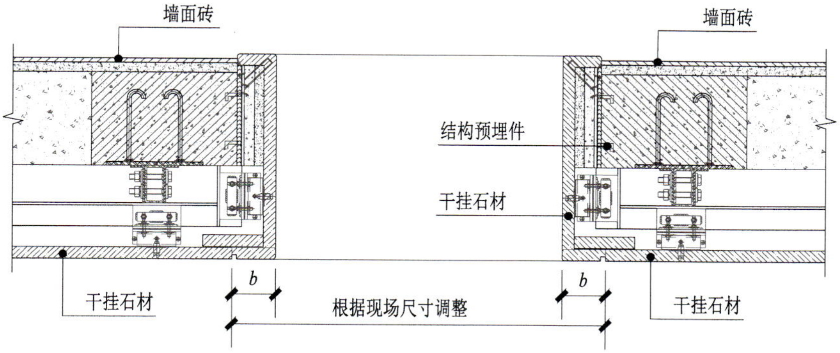

a）平面图

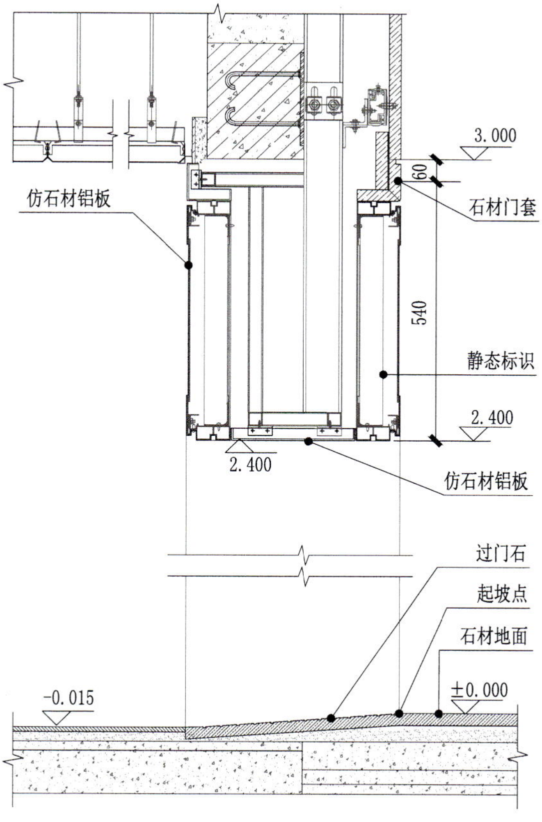

b）剖面图

注：图中 *b* 根据单体设计。

图 3.3-2　石材门套平面及剖面图

4　墙面石材变形缝节点

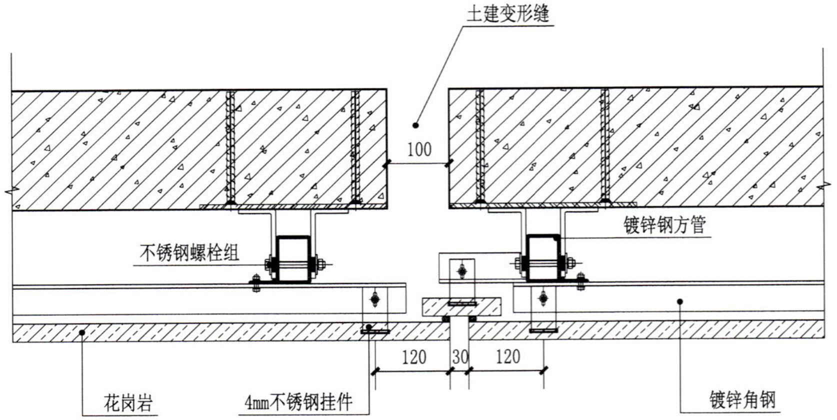

图 3.4　墙面石材变形缝节点图

5　柱子及墙面阳角处理

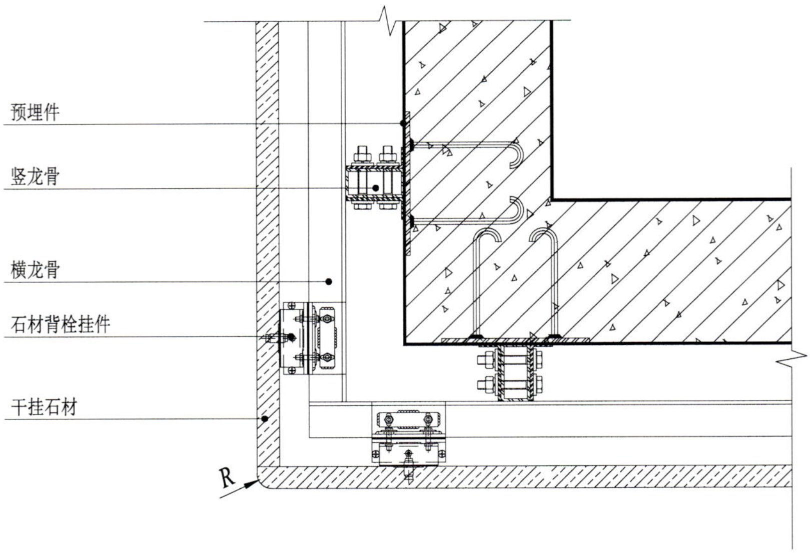

注：R=15mm ~ 25mm。

图 3.5-1　墙面阳角弧形处理

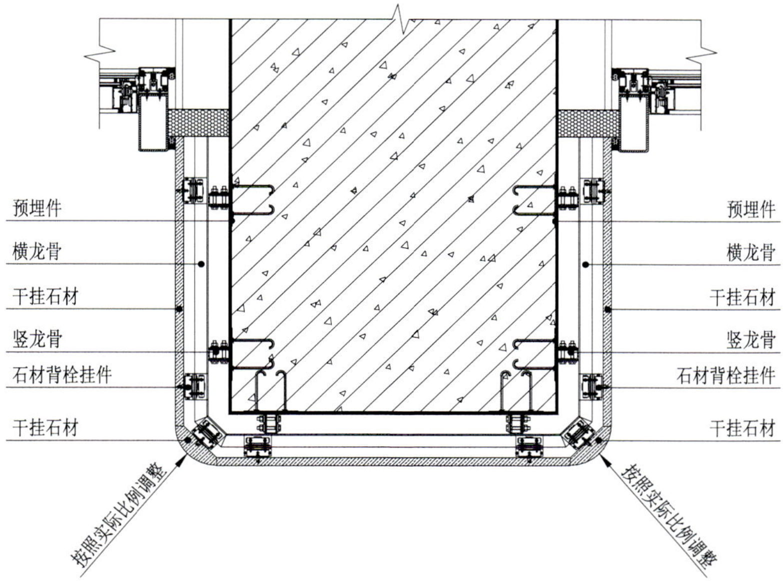

图 3.5-2　包柱阳角弧形处理

6　候车室吊顶

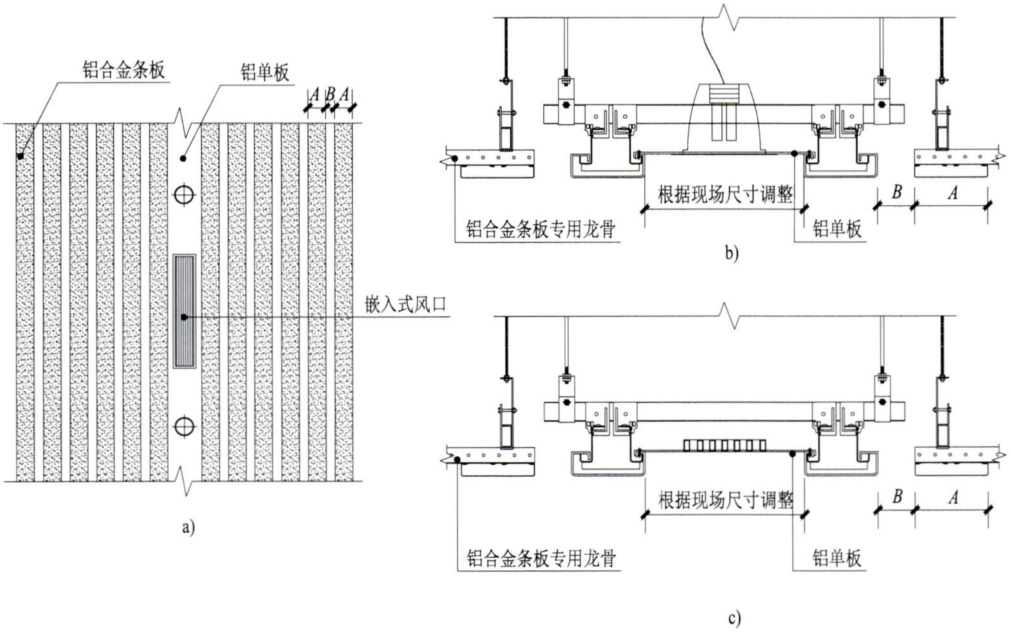

注：A、B 根据单体设计。

图 3.6-1　离缝条板吊顶

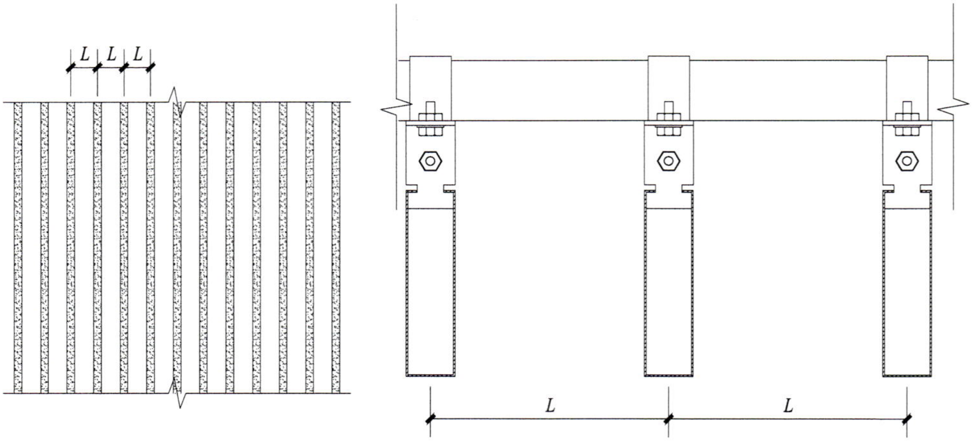

注：垂片形式及间距 L 根据单体设计。

图 3.6-2　垂片吊顶

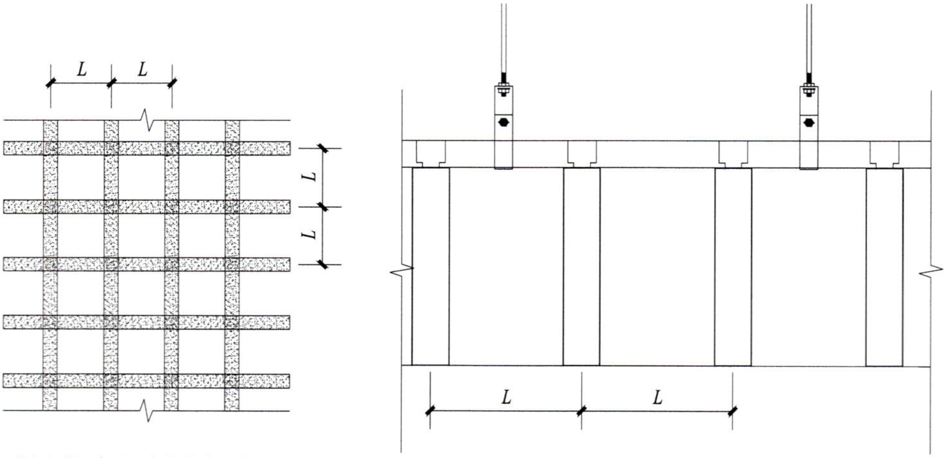

注：格栅规格及间距 L 根据单体设计。

图 3.6-3　格栅吊顶

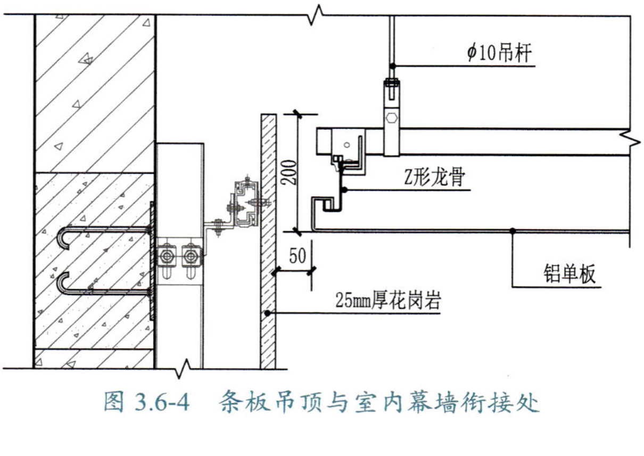

图 3.6-4　条板吊顶与室内幕墙衔接处

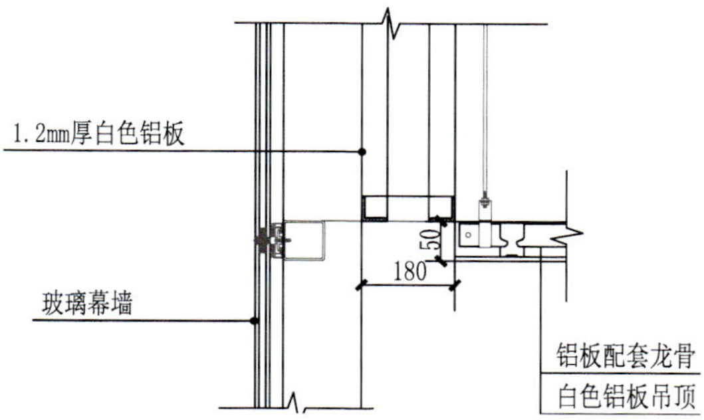

图 3.6-5 条板吊顶与室外幕墙衔接处

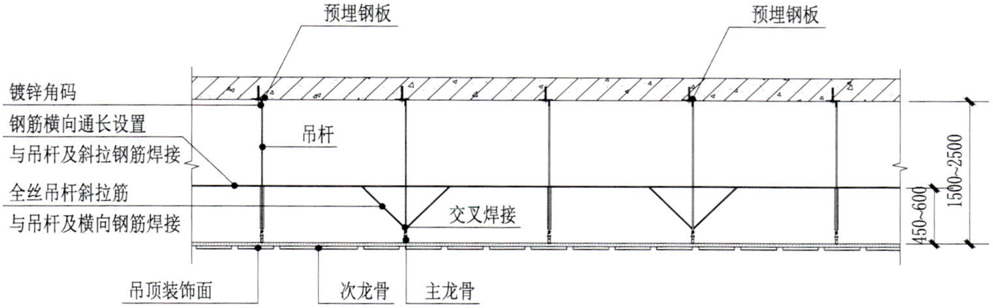

图 3.6-6 吊顶内设反向支撑

7 母婴室

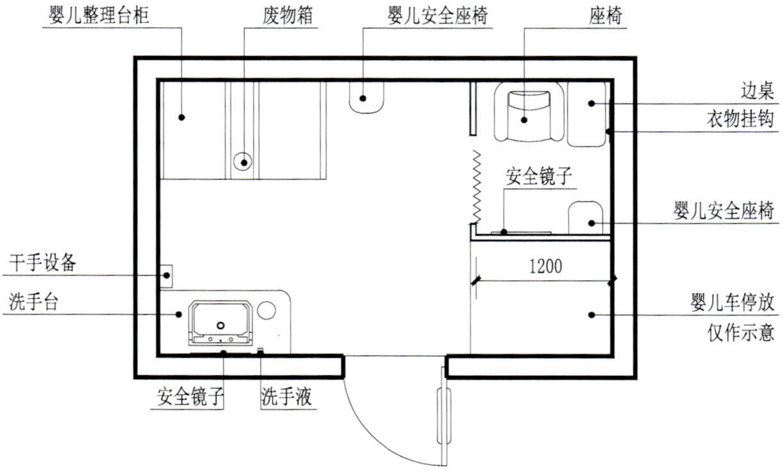

图 3.7 母婴室平面图

8 防火卷帘

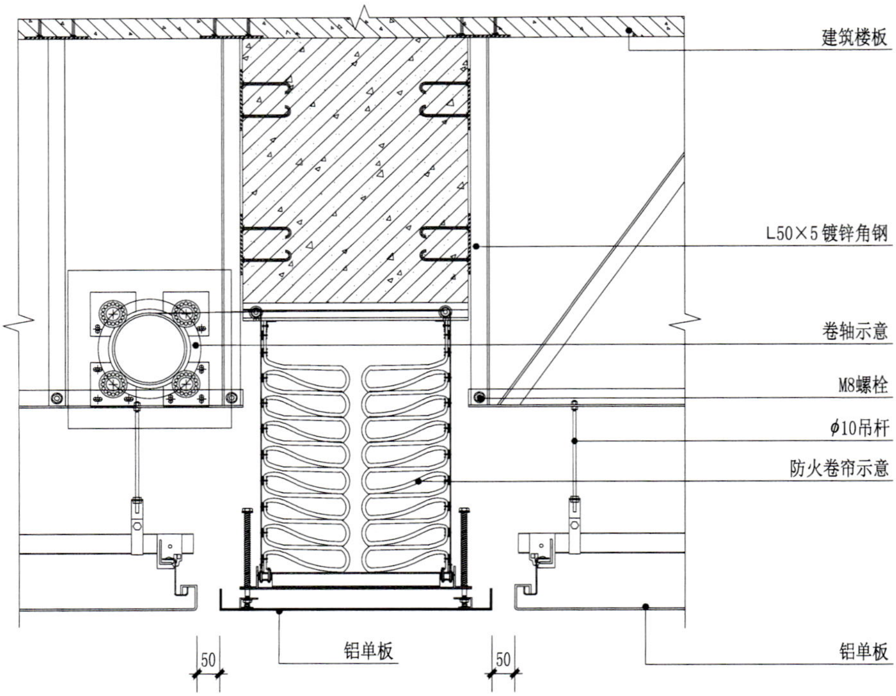

图 3.8　防火卷帘安装

三、实例

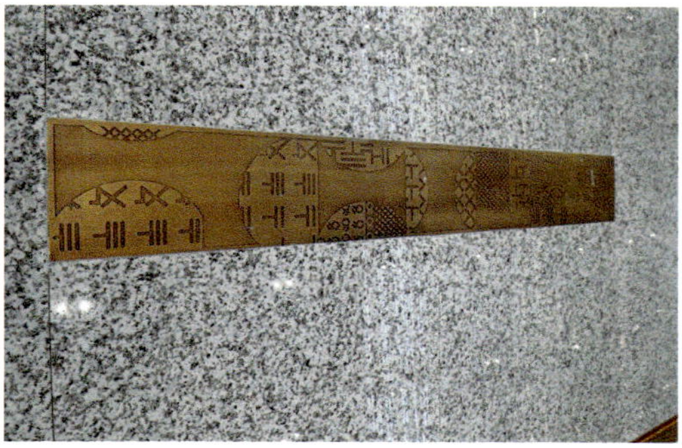

实例 3-1　地面铺装（一）

实例 3-2　地面铺装（二）

实例 3-3　地面铺装（三）

实例 3-4　室内地面变形缝

实例 3-5　候车厅与卫生间地面采用缓坡连接

实例 3-6　横梁截面大小、高度一致

实例 3-7　墙面门洞口在同一高度

实例 3-8　墙面石材回风口设置

实例 3-9　楼扶梯吊顶、墙面转角三缝对齐

实例 3-10　石材柱面线条及阳角

实例 3-11　石材方柱阳角弧线处理

实例 3-12　铝板墙面阳角弧线处理

实例 3-13　铝板柱造型艺术处理

实例 3-14　吊顶设藻井

实例 3-15　采光天窗装饰

实例 3-16　仿木纹铝方通吊顶

实例 3-17　弧形吊顶

实例 3-18　吊顶、灯槽和灯具布置

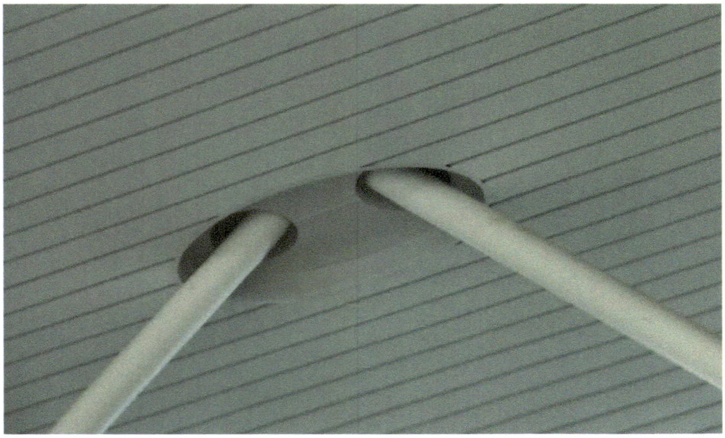

实例 3-19　吊顶板与结构桁架相交处的处理

实例 3-20　吊顶板与柱相交处的处理（一）

实例 3-21　吊顶板与柱相交处的处理（二）

实例 3-22　吊顶板与窗口相交处的处理

实例 3-23　不同形式的吊顶板相交处的处理（一）

实例 3-24　不同形式的吊顶板相交处的处理（二）

实例 3-25　不同形式的吊顶板相交处的处理（三）

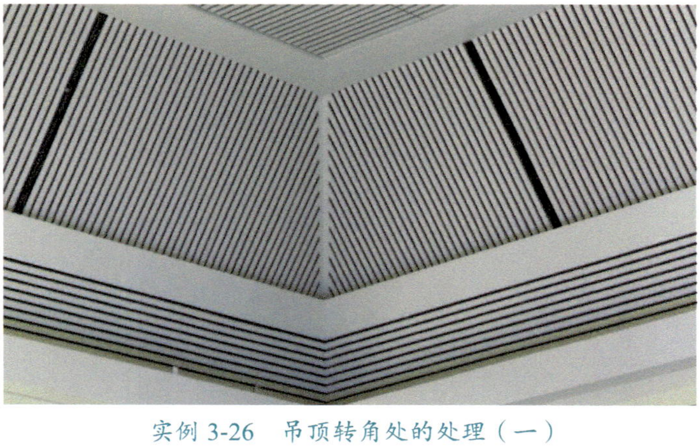

实例 3-26　吊顶转角处的处理（一）

实例 3-27　吊顶转角处的处理（二）

实例 3-28　采光屋面下无吊顶

实例 3-29　单层空心板采光屋面下设管帘吊顶

实例 3-30　坡屋面采光屋面下装饰

实例 3-31　采光屋面下设深井

实例 3-32　管线穿梁局部吊顶

实例 3-33　车站标识

实例 3-34　大型站集散厅商业设施及广告布置

实例 3-35　大型站候车厅广告布置

实例 3-36　中小型站候车厅商业及广告布置

实例 3-37　防火卷帘

实例 3-38　电动开启扇（隐藏链条式）

实例 3-39　休息区

实例 3-40　商务候车区

实例 3-41　军人候车区

实例 3-42　儿童候车娱乐区（一）

实例 3-43　儿童候车娱乐区（二）

实例 3-44　母婴室（一）

实例 3-45　母婴室（二）

实例 3-46　服务台（一）

实例 3-47　服务台（二）

第四章

独立商务候车室

一、设计要点

1 墙面

1.1 主宾位两侧的墙体应采用对称布置。

1.2 主入口门两侧石材应以门中心线对称铺装，门楣正上方不应出现拼缝。

1.3 内门应采用硬质实木成品门。开启扇尺寸宽 × 高不宜小于 2.4m×3.0m，两侧不宜设固定扇。

2 吊顶

2.1 净空高度宜为 5.0m ～ 7.0m。

2.2 吊顶照明不应出现阴影区和眩光。

2.3 室内空调风口应隐蔽且设备噪声不应大于 40dB（A），风口不得直接吹向座位及水晶吊灯。

2.4 吊顶不宜设置检查口，可在配套服务用房内设检查口。

3 卫生间

3.1 应根据需要设置单人独立卫生间。

3.2 设置公共卫生间时，卫生间隔间尺寸及门设置要求与第六章一致。

4 门厅与走道

4.1 门厅与走道装饰设计风格应与商务候车室保持一致。

4.2 门厅宜设置迎宾台、实名制验证、安检及检票设备。

4.3 门厅宜设置专用电梯，其额定载重量不宜小于 1600kg。

5 主题画

5.1 主宾位后方设置的主题装饰画可选择油画、国画、刺绣等，避免采用表面高反光的画种。反映地域文化的纹样、装饰构件，制作应精细。

5.2 每个商务候车室只能设置一幅主题装饰画，以反映当地名胜风景、特有文化为主。

5.3 画框装饰线条力求简约，不宜超过三层叠级；且画框的大小应根据空间大小确定。

5.4 独立商务候车室装修风格应与主题画相协调。

6 其他

6.1 宜设置专用门厅、进站通道及直通车站广场的车道。

6.2 独立商务候车室应方正规整，宜为长方形。

6.3 不宜邻靠有噪声、振动的设备用房。当无法避开时，应采取降噪、减振措施。

6.4 宜设置卫生间、服务间和备品间。

6.5 设备开关、控制箱等设施应集中设置在服务间内，不得设置于公共空间。地插、管线应做好预留、预埋，不得明敷。

6.6 沙发采用浅色条纹绒布面料，木材采用胡桃木；沙发间茶几外包尺寸为 700mm×600mm×480mm（长 × 宽 × 高）。

二、实例

实例 4-1　独立商务候车室

实例 4-2　内门

实例 4-3　主题画

实例 4-4　门厅

第五章

售票厅与综合服务中心

一、设计要点

1 售票窗口

1.1 普通售票窗口窗台高度应为 1.0m，无障碍售票窗口窗台高度应为 0.76m。无障碍售票窗口宜靠近自动售（取）票机一侧设置，窗台墙体应内退 0.15m，对应的售票室内不应设防静电架空地板；普通窗口对应的售票室内应设高出地面 0.2m 的防静电架空地板。

1.2 窗台板材料应与室内装饰相协调，宜与墙面材料色彩一致。

1.3 售票窗玻璃应采用钢化夹层玻璃，玻璃分格应与窗口数相对应；售票窗口与石材台面连接应采用石材开槽、玻璃嵌入的方式。玻璃之间间隙应为 2mm ～ 3mm，不宜打胶。

1.4 售票槽宜采用与台面相同的材料制作，售票槽尺寸应为 300mm×200mm×100mm。

1.5 售票窗口间不应设置立梃，窗口上方照明应采用通长型发光二极管（LED）灯带。

2 自动售（取）票机

2.1 自动售（取）票机排布方式应满足旅客购票流线组织要求，成组设备间距应满足旅客走行空间要求，自动售（取）票机与人工售票窗口不宜呈 L 形布置。

2.2 自动售（取）票机宜采用墙体嵌入式安装，与墙面装修整体协调；墙体洞口上方应设置过梁。

3 其他

3.1 售票厅与综合服务中心室内净高应根据空间比例大小和设备管线布置综合确定，大型及以上客站不宜小于 5.0m，中小型客站不宜小于 4.0m。

3.2 综合服务中心柜台应采用开敞式设计，背景墙不宜设置门。

3.3 综合服务中心开放式服务窗口台面高度宜为 0.8m，台面宜采用人造石材质，台面色彩应与室内装饰相协调。

3.4 售票厅与综合服务中心内部不宜设置临空柱。确需设置时，立柱阳角应进行圆弧处理。

3.5 售票窗口与综合服务中心柜台处不宜设置防火卷帘。确需设置时，应隐蔽设置，且不得影响售票厅整体效果。

3.6 售票窗口与综合服务中心柜台前不应设固定排队栏杆。

3.7 售票室内，售票窗口对面的墙体不应设置窗、不宜设置门，确需设门时，应隐藏处理。消火栓和各类控制面板应设于售票室内侧墙上。

3.8 售票厅出入口应设置空气幕。

3.9 售票厅与候车区之间宜设玻璃隔断分

隔，综合服务中心与候车区宜连通。

3.10 公安制证室宜设在与售票室紧邻的候车区一侧，制证窗口应面向售票厅，其形式应与普通售票窗口一致。

3.11 自动售（取）票机与人工售票窗口并排设置时，检修维护空间可与人工售票窗口区域连通。

二、参考图

1 售票窗口

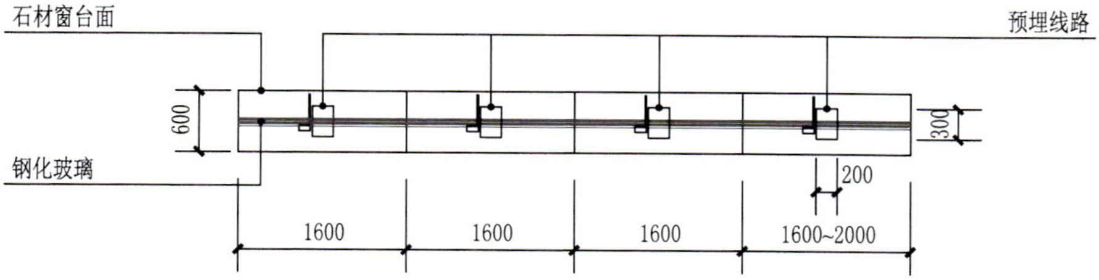

图 5.1-1 售票窗口平面图

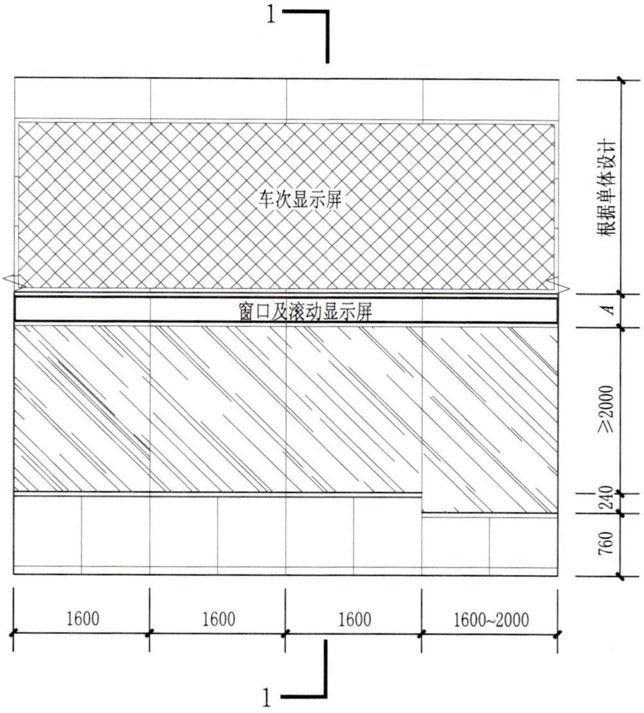

图 5.1-2 售票窗口立面图

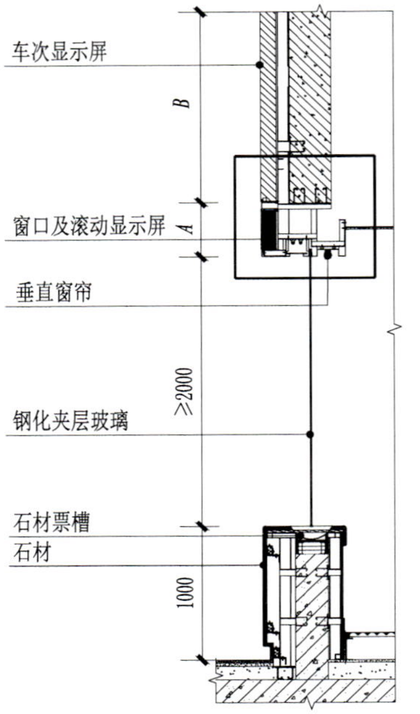

a）1-1剖面

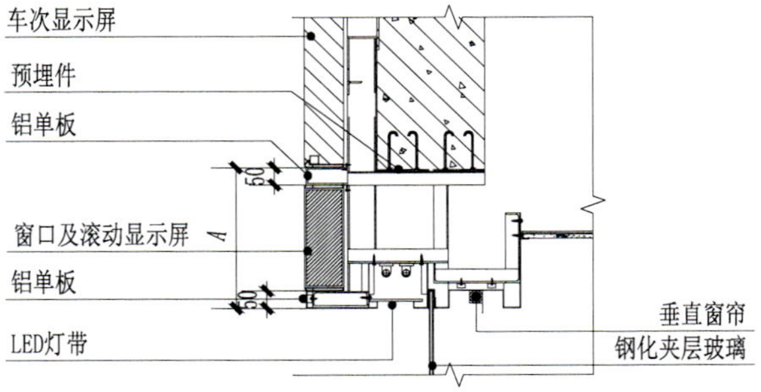

b）节点图

注：*A*、*B*根据单体设计。

图 5.1-3　售票窗口剖面及节点图

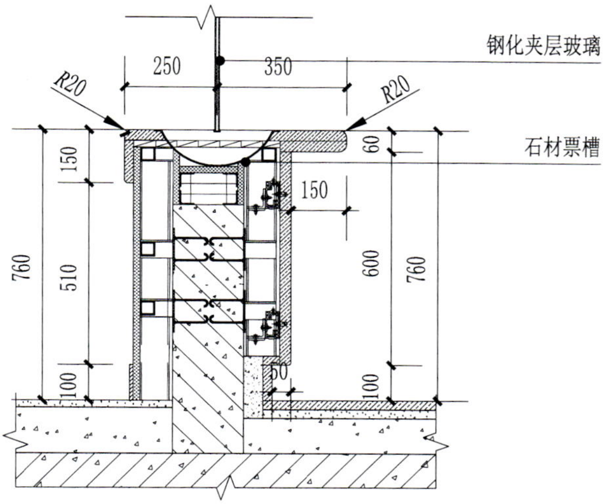

图 5.1-4　残疾人售票窗台剖面图

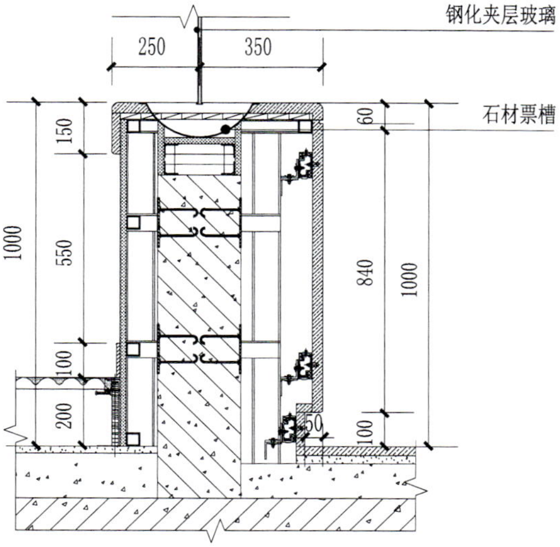

图 5.1-5　普通售票窗台剖面图

2 自动售（取）票机

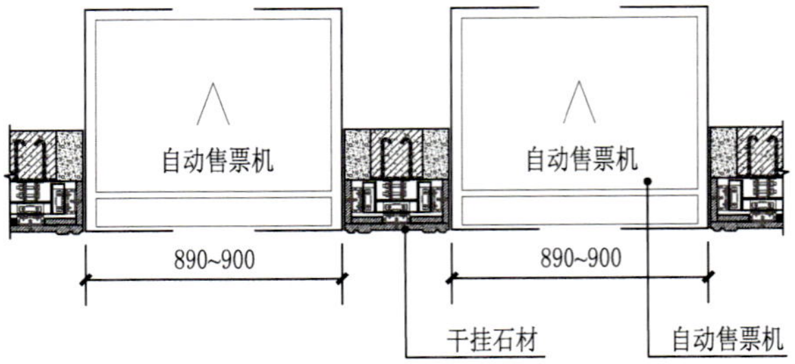

图 5.2-1　自动售（取）票机平面图

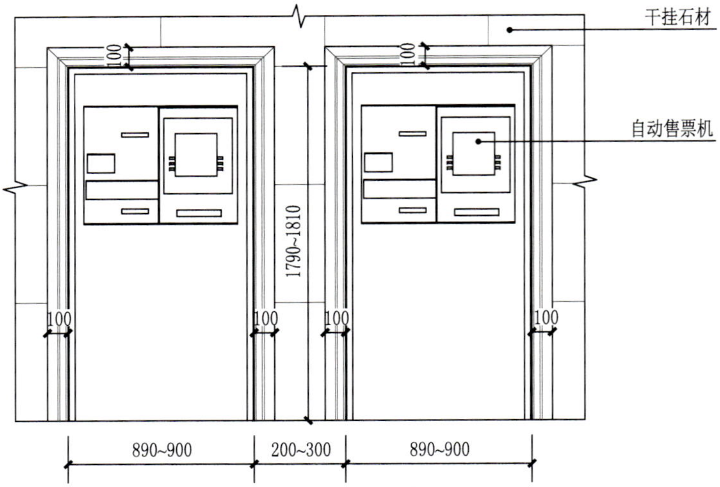

图 5.2-2　自动售（取）票机立面图

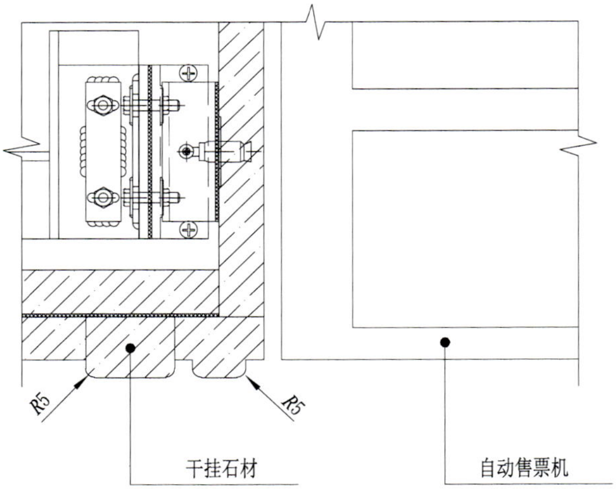

图 5.2-3　自动售（取）票机节点图

三、实例

实例 5-1　人工售票窗口

实例 5-2　自动售 / 取票机

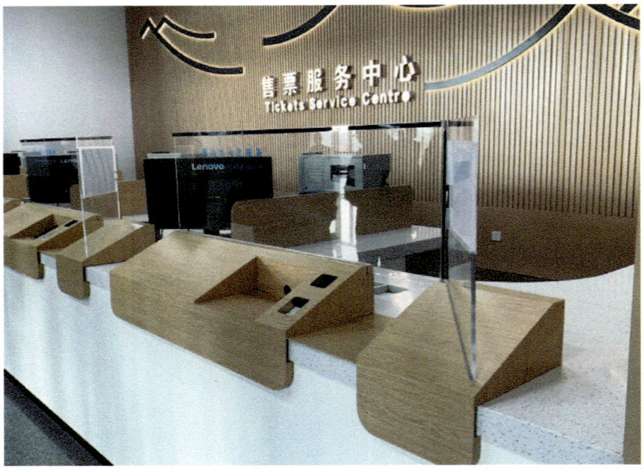

实例 5-3　综合服务中心柜台（一）

实例 5-4　综合服务中心柜台（二）

实例 5-5　综合服务中心柜台（三）

第六章

公共卫生间与饮水处

一、设计要点

1 地面、墙面、吊顶

1.1 地面、墙面应采用易清洁、耐腐蚀、抗渗、耐污、防水性能好的浅色饰面材料，地面宜采用防滑地砖，墙面宜采用通体玻化砖等表面光滑的材料。小便斗下方地面不应设凹槽。

1.2 地面与墙面铺贴应整体设计，墙砖地砖应对缝，墙面与地面交接处可采用圆弧处理，隔间板应与地砖、墙砖对缝，小便斗位置应与墙砖对中或对缝。

1.3 墙面阳角应做圆弧处理，宜采用通体玻化砖磨圆角或者云石胶倒圆角两种处理方式，不宜设压条。采用磨圆角处理时，墙面阳角正面墙砖应压侧面墙砖，地砖、墙砖应十字对缝。

1.4 内部门洞高度应保持一致，门套应采用防水、耐腐蚀材料。

1.5 吊顶不宜采用离缝形式，吊顶上设备末端应统筹设置，排风口、灯槽宜结合吊顶装修隐藏设置于靠墙处。

2 厕位隔间

2.1 厕位隔间不宜采用全封闭式，隔间应采用内开门。中型及以上客站厕位隔间的进深和开间轴线尺寸宜采用1.8m×1.2m；小型客站厕位隔间的进深和开间轴线尺寸可采用1.5m×1.0m。厕位隔间门宽应为700mm，门边宜设防撞减振隔音胶条。

2.2 厕位隔间的隔板宜选用金属复合板，隔间基座下边框宜采用拉丝不锈钢包边。

2.3 厕位隔间的隔板应与墙面地面安装牢固，五金件连接点宜采用不锈钢材质，隔板与隔板之间的连接五金件连接点不应少于3个，隔间门合页不应少于3个，合页应选用轴式或穿通螺栓式，且带有自闭功能。小便斗隔板应与过梁或构造柱安装牢固，固定点不应少于3处，隔板下边离地300mm。

2.4 厕位隔间内应设挂钩。隔间门锁应具有防自锁功能，隔间门上的“有人”“无人”“坐位”“蹲位”标识应清晰明显。

3 蹲便器、小便斗、坐便器

3.1 蹲便器上边缘应与地面齐平，并在隔间内左右居中布置；蹲便器后边缘距离后方墙面不应小于250mm；蹲便器四周应设斜坡。蹲便器应采用后排水型，其内腔尺寸长度不应小于470mm，并采用带有脚踏冲水功能的感应式冲水阀。感应式冲洗阀应符合现行《非接触式给水器具》（CJ/T 194）对产品材料要求的相关规定。

3.2 厕位不应设台阶，卫生间区域梁、板均应下降，确保卫生设备的安装。

3.3 小便斗应均匀布置，宜与墙砖对中或对缝。小便斗之间应设隔板。

3.4 小便斗应采用感应式冲水阀，并设置防止异物进入排水管道的过滤网。

3.5 小便斗数量为 4 个及以上时，宜设 1 个儿童小便斗。

3.6 小便斗应采用挂墙式。坐便器宜采用挂墙式。挂墙处应设置构造柱或过梁，确保洁具与墙体连接牢固。

3.7 小便斗、蹲便器、坐便器的管线应暗敷。

4 盥洗室

4.1 盥洗台应采用抗渗、耐污的材料，并选用台下洗手盆。盥洗台下方排水管存水弯不应暗敷，宜选用金属材质。盥洗台下部应设置便于检修的底柜或可拆卸的挡板。盥洗室镜子下方应设置通长置物板。

4.2 洗手盆应均匀布置，应与墙砖对中或对缝；洗手盆下应设支架。

4.3 洗手盆数量为 4 个及以上时，宜设 1 个儿童洗手盆。

4.4 水龙头宜采用感应式。洗手盆下水口应设滤网，不设闭水阀。

4.5 每个盥洗室应设抽纸盒或干手器且数量不少于 2 处。抽纸盒可采用成品不锈钢嵌入式。

5 公共卫生间相关设备、设施

5.1 公共卫生间内不应明设插座及其他各类电源控制箱。空调、通风设备及照明等各种开关、控制箱等设施应集中设置在邻近卫生间的保洁工具间内。

5.2 厕位隔间内不宜设置竖向管道，确需设置时，应采用干挂墙砖或砌墙后湿贴墙砖进行隐蔽处理，不应占用隔间的有效空间。

5.3 公共卫生间通风换气次数不宜小于 20 次 /h，排风应直接排至室外；风机宜设于屋面或排风道末端，数量不宜少于 2 台。风机设备噪声不应大于 65dB（A），风机进口端宜设置消声器或消声弯头。风机与风管之间应采用直径 150mm ～ 300mm 的柔性短管连接，室内吊装时宜采用减振吊杆。

5.4 站房设有空调系统时，候车区公共卫生间应设置空调，且不应接入公共空间全空气空调系统。

5.5 地漏宜设置在不易踩踏处，不应设在通道或位置明显处。地漏应耐腐蚀且具有可靠的水封性能，应安装在地砖板块中心，四周设斜坡。

5.6 当蹲位处设有低位排风口时，风口应隐藏设置，风道不应占用厕位空间。小便斗处不宜设低位排风口。

6 第三卫生间

6.1 客站应设置第三卫生间，其数量应与候车区有效候车面积相匹配，并分散设置，设施配置应按现行《城市公共厕所设计标准》（CJJ 14）的相关规定执行，使用面积不应小于 6.5m^2。

6.2 宜靠近公共卫生间设置，入口宜面向公共空间，应方便行动不便者进入，内部空间轮椅回转直径不应小于 1.5m。

6.3 地面、墙面、吊顶的设计要求与公共卫生间一致，内部设施应符合现行《无障碍设计规范》（GB 50763）的相关规定。

6.4 安全抓杆材料宜为成品亚光不锈钢管或树脂管，直径应为 30mm ～ 40mm，内侧与墙面距离应为 40 mm，抓杆安装应牢固。

6.5 通风换气次数宜采用 20 次 /h，可与毗邻的公共卫生间合用排风系统。当独立设置机械排风系统时，设备噪声不应大于 65dB（A）。

6.6 站房设有空调系统时，第三卫生间应设置空调，且不应接入公共空间全空气空调系统。

6.7 第三卫生间应设置方便残疾人使用的紧急救助按钮。报警信号应传送到有人值班的值班室。

6.8 第三卫生间宜采用可调整角度的镜子，或使镜子与墙面保持 15°～ 30°的夹角。

7 饮水处

7.1 饮水处与公共卫生间的入口应分设，并保持适当距离，宜面向候车厅开放式布置，特大型客站饮水处服务半径不宜超过 50m。

7.2 饮水台应有排水和防溅水设施；台面宜采用易清洁的材料；外侧应留有高 10mm ～ 20mm 的挡水坎；给排水管道不宜外露，当外露时宜设置挡板。

7.3 饮水处宜采用带净化功能及安全锁的冷热两用电开水器，电开水器宜为亚光不锈钢材质，出水口距下部台面不宜超过 250mm，水压不宜过大，下部台面距地面高度应为 750mm。

7.4 电开水器宜为嵌墙式安装，插座、电源线、进出水管宜在开水器后方暗装，并应考虑设备检修、更换便利。

7.5 饮水处应设置茶叶漏，地面应设置排水设施。

8 其他

8.1 盥洗室通行净距不应小于 2m，双侧厕位隔间的净距及单侧厕位隔间至对面墙面或小便斗的净距不应小于 2m。

8.2 公共卫生间出入口宽度不应小于 1800mm，入口处不应设门，平面布局应避免通视和盥洗镜反射干扰。

8.3 公共卫生间区域应单独设置保洁工具间，保洁工具间内应设保洁工具充电电源及墩布池。

8.4 公共卫生间不应布置在变配电室、弱电机房等有防水、防潮要求的用房上面一层正上方处，也不宜设置在设备用房的相邻处；确需贴邻设备用房设置时，隔墙应做好防水、防潮、防结露处理。

8.5 公共卫生间不应布置在接触网的正上方。

8.6 公共卫生间应设机械排风，并应始终处于负压区。机械排风系统应结合吊顶形式设置排风口，排风口位置宜设置在蹲便器、小便器上方靠近隔墙的吊顶处且远离人员出入口。

8.7 严寒、寒冷和夏热冬冷地区的盥洗室宜提供热水盥洗条件。

8.8 公共卫生间区域的照度应与候车区照度保持一致。

二、参考图

1 卫生间布置

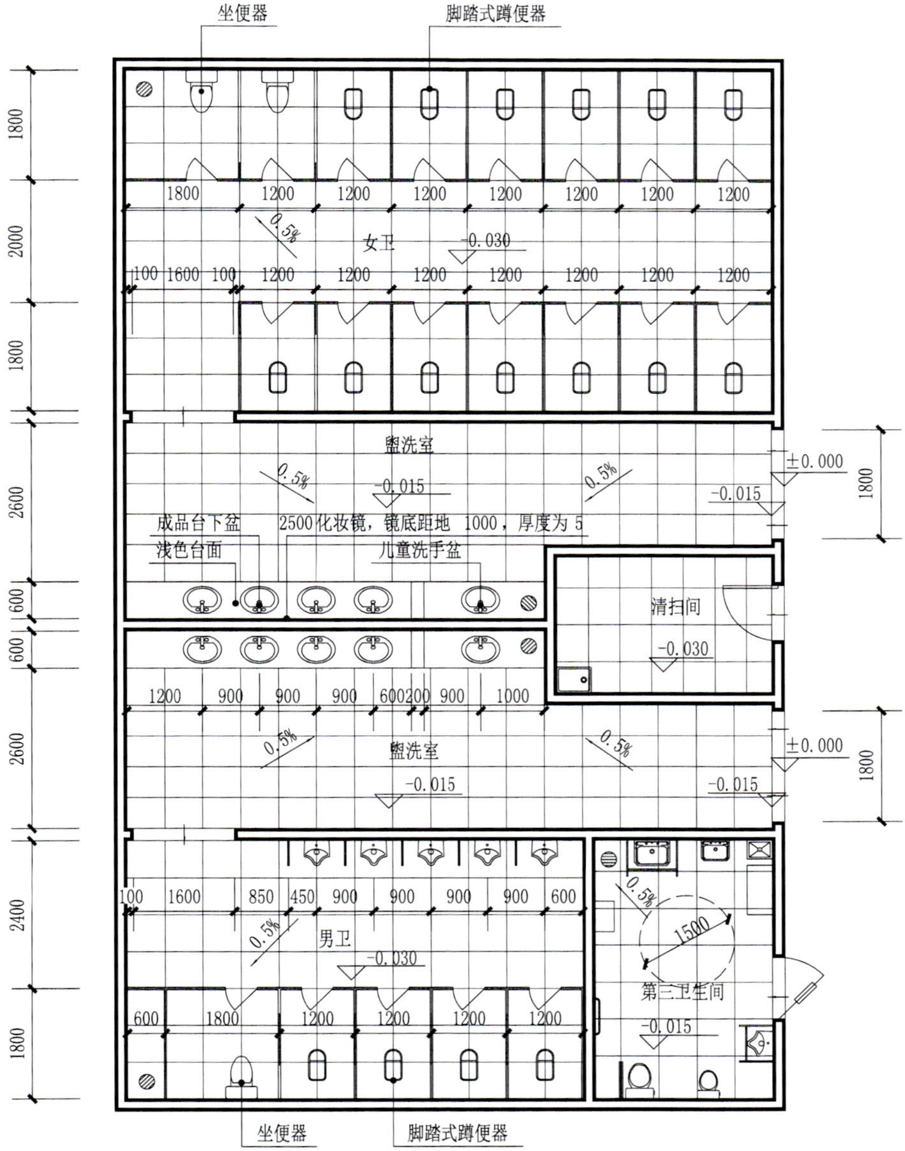

图 6.1-1 中型站房卫生间布置图

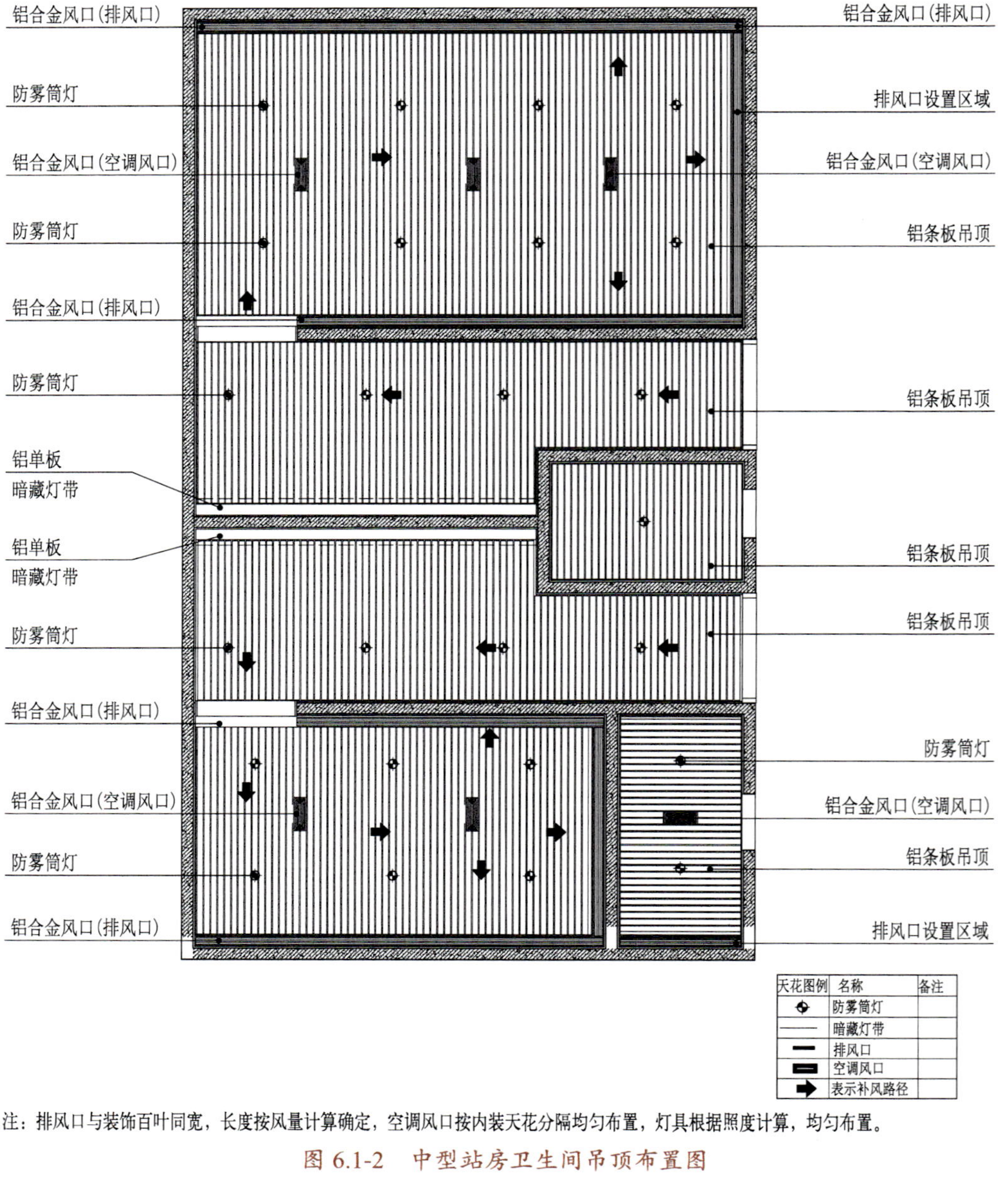

注：排风口与装饰百叶同宽，长度按风量计算确定，空调风口按内装天花分隔均匀布置，灯具根据照度计算，均匀布置。

图 6.1-2　中型站房卫生间吊顶布置图

2 卫生间节点

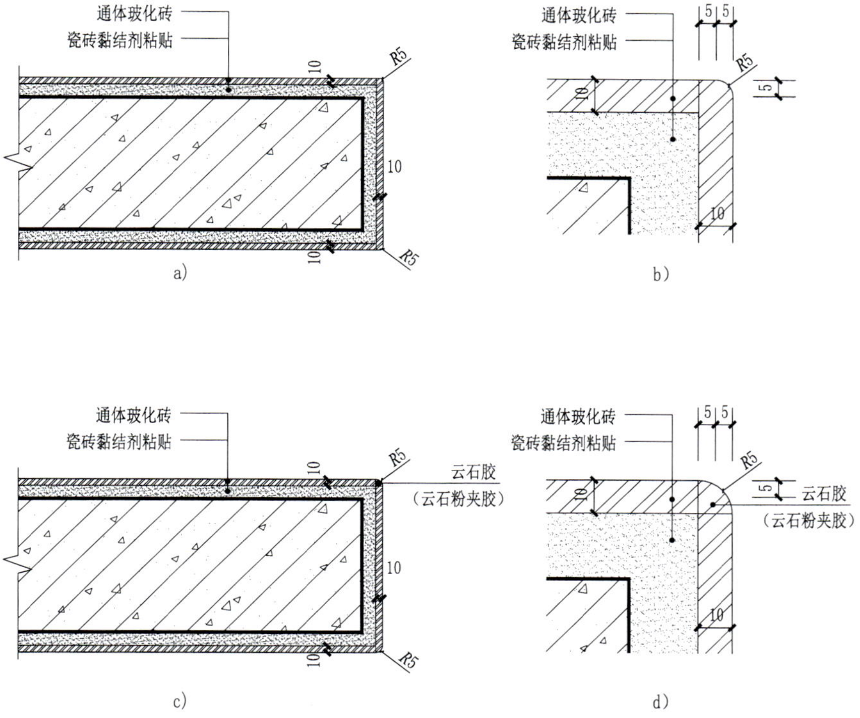

图 6.2-1　卫生间墙面阳角处理

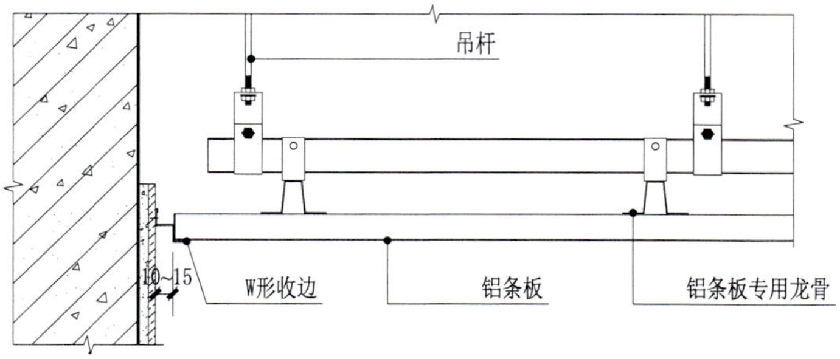

图 6.2-2　铝条板吊顶 W 形收边处理

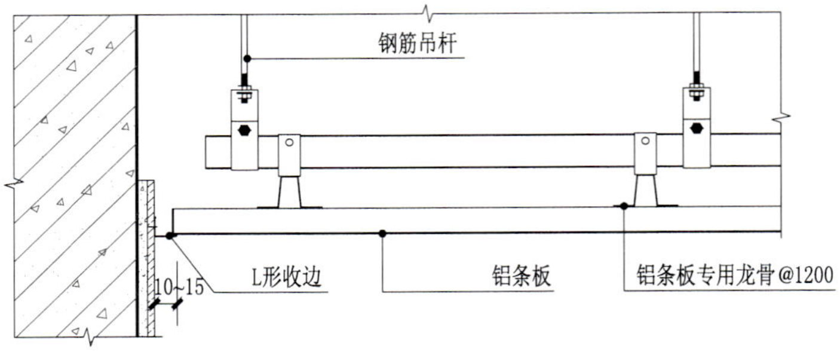

图 6.2-3　铝条板吊顶 L 形收边处理

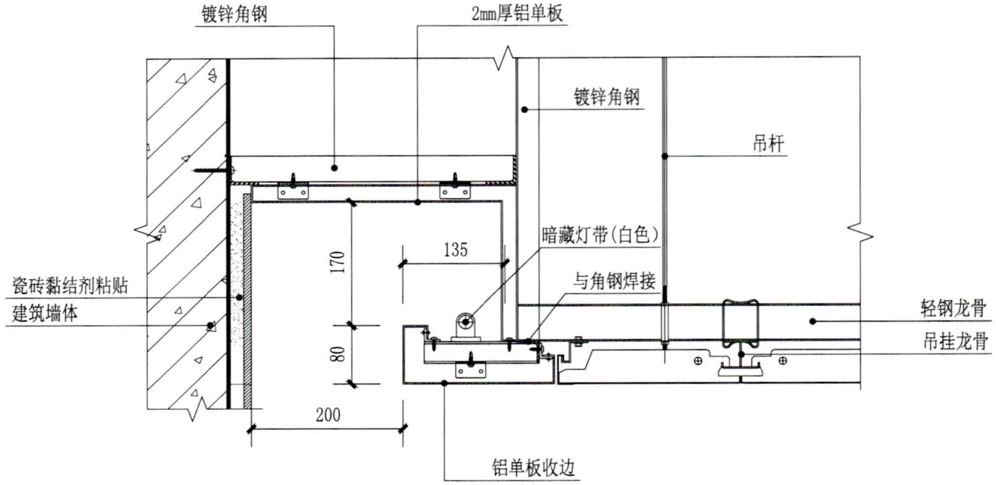

图 6.2-4　盥洗室镜前灯

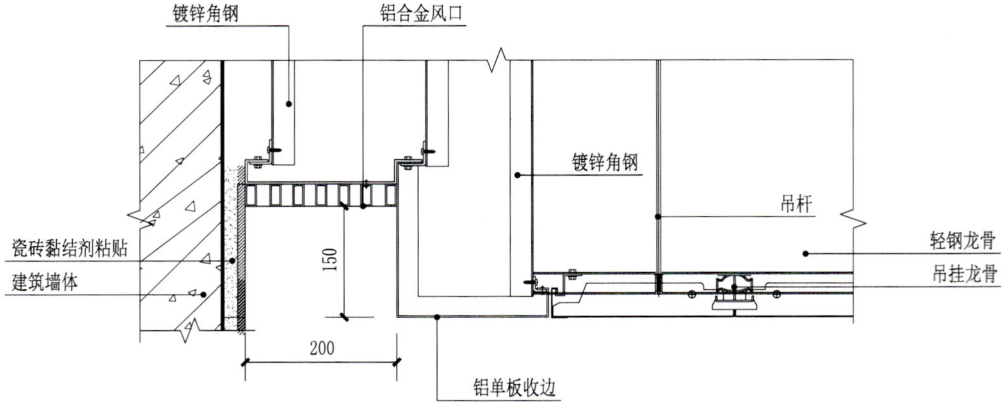

图 6.2-5　铝板吊顶风口

3 厕位隔间布置

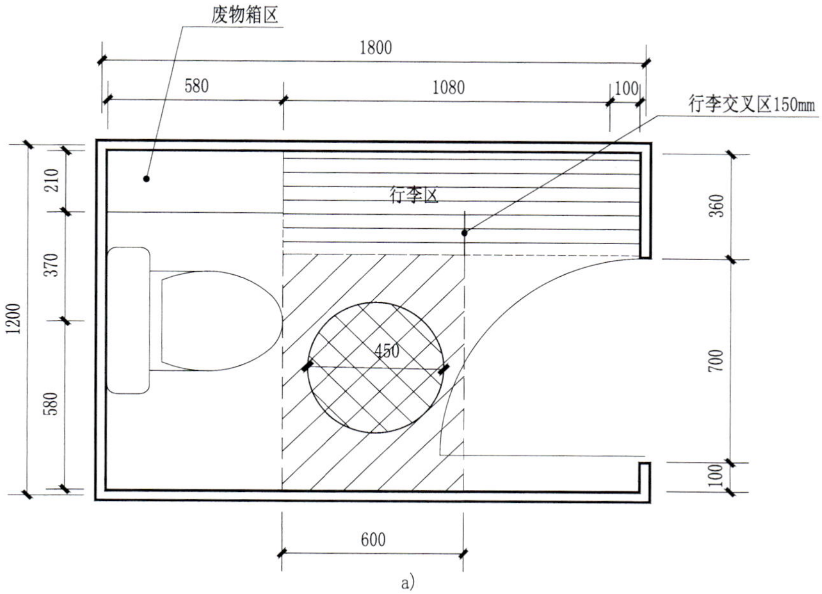

a)

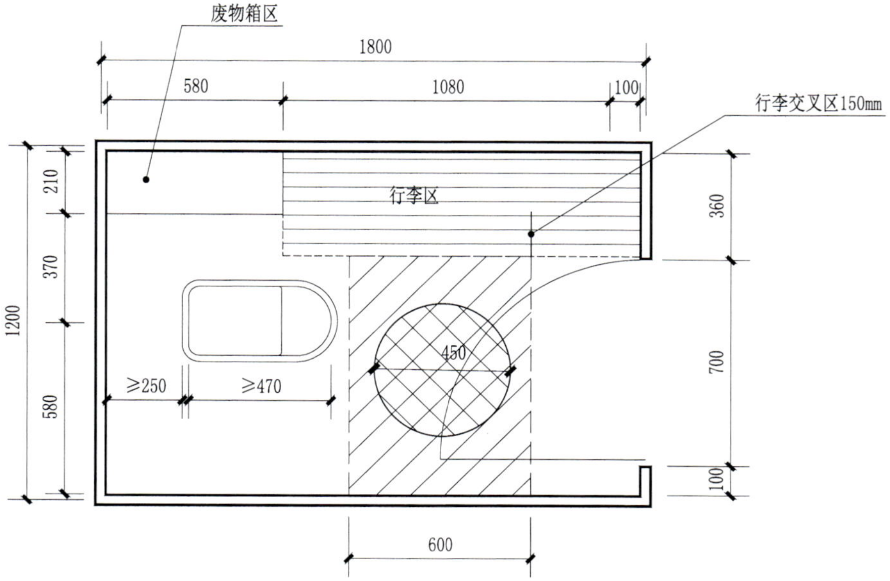

b)

图 6.3 厕位隔间布置

4 盥洗室台盆

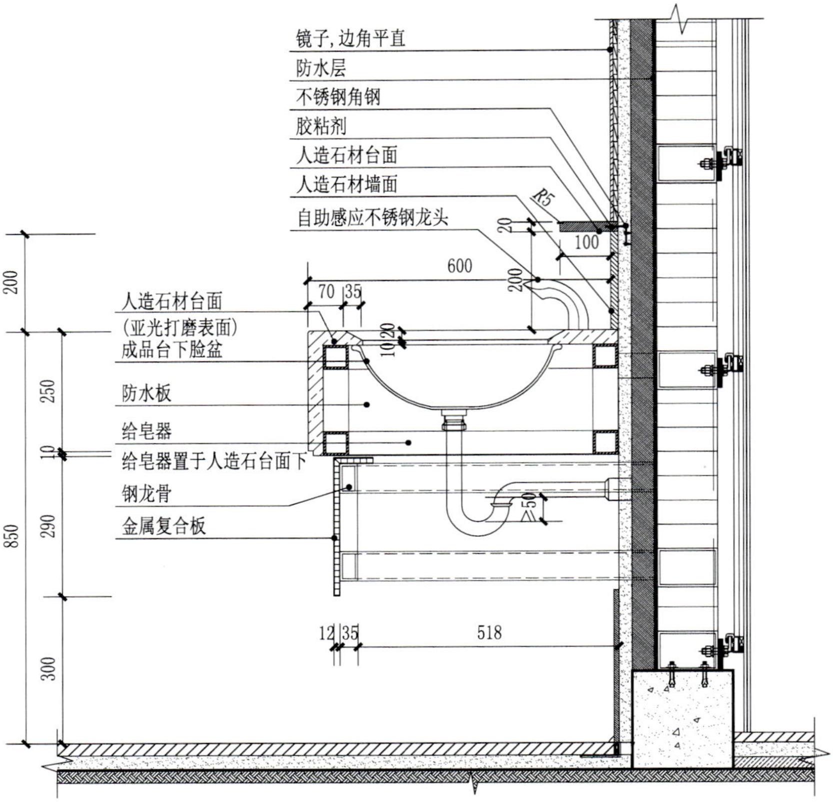

图 6.4 盥洗室台盆

5 嵌入式抽纸盒

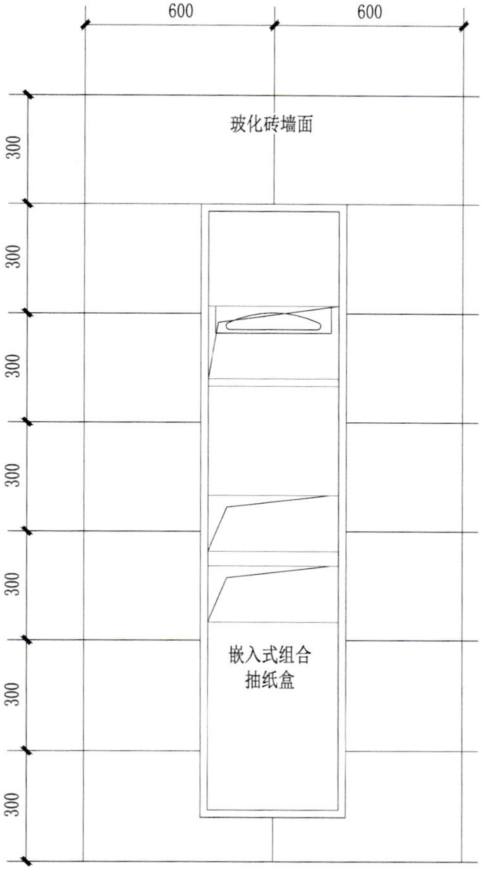

a）立面图

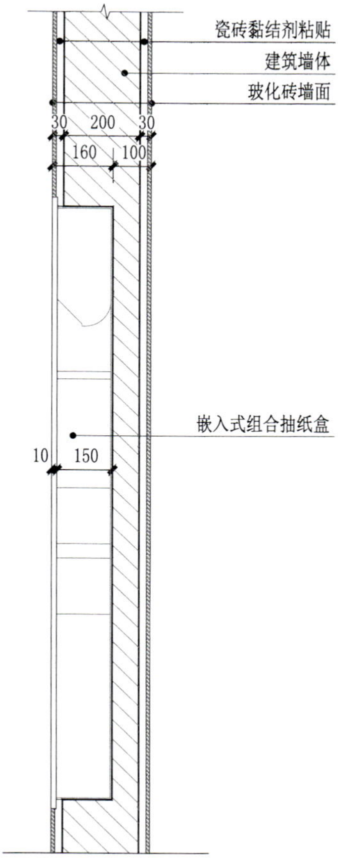

b）剖面图

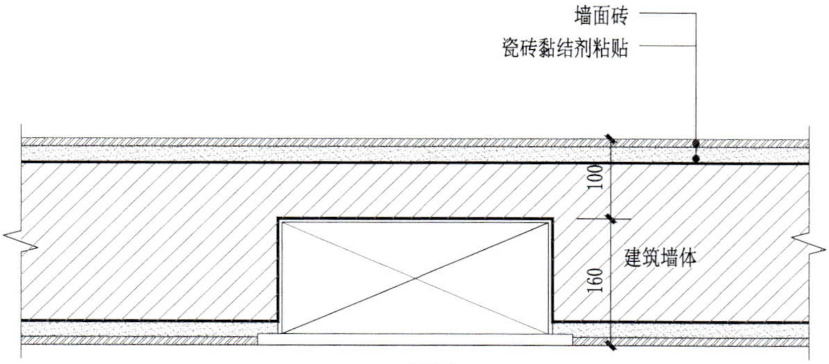

c）平面图

图 6.5 嵌入式抽纸盒

6 小便斗

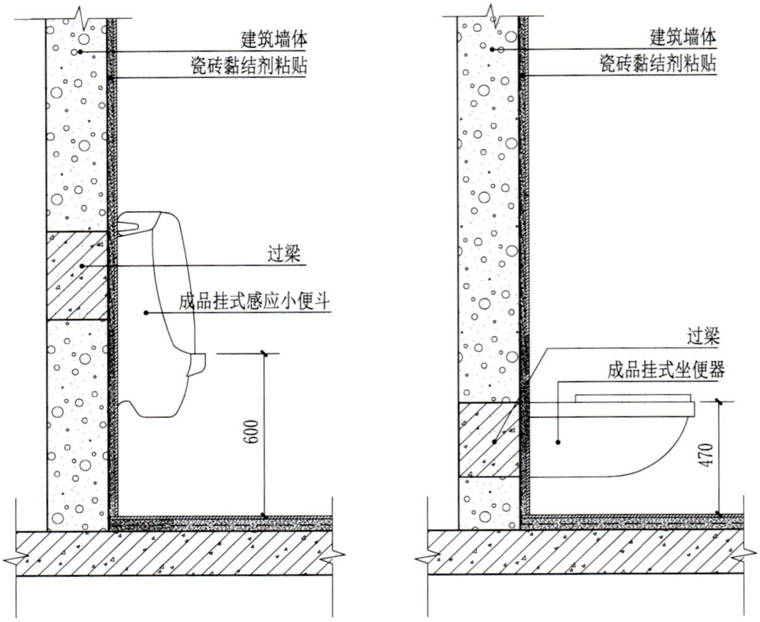

图 6.6-1　挂式小便斗、坐便器

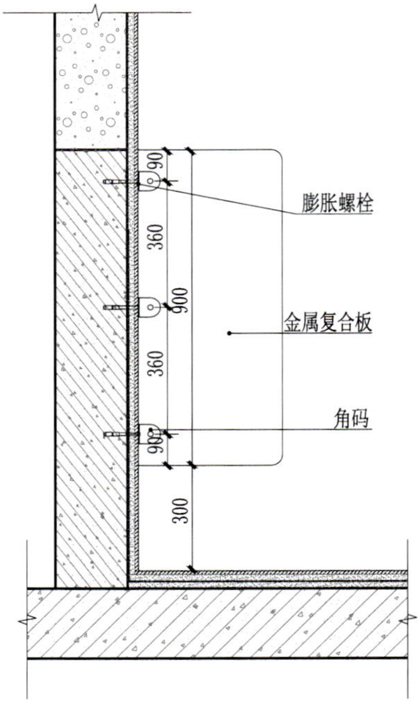

图 6.6-2　小便斗隔板

7　第三卫生间

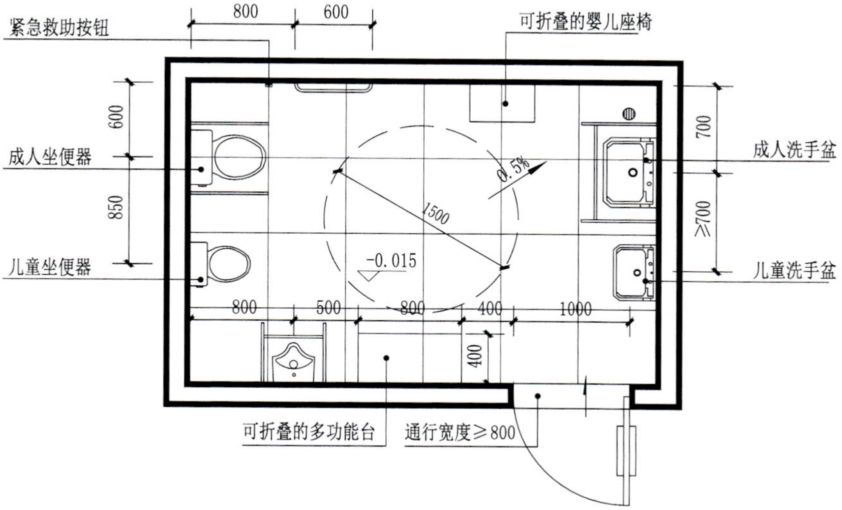

图 6.7　第三卫生间布置图

8　饮水处

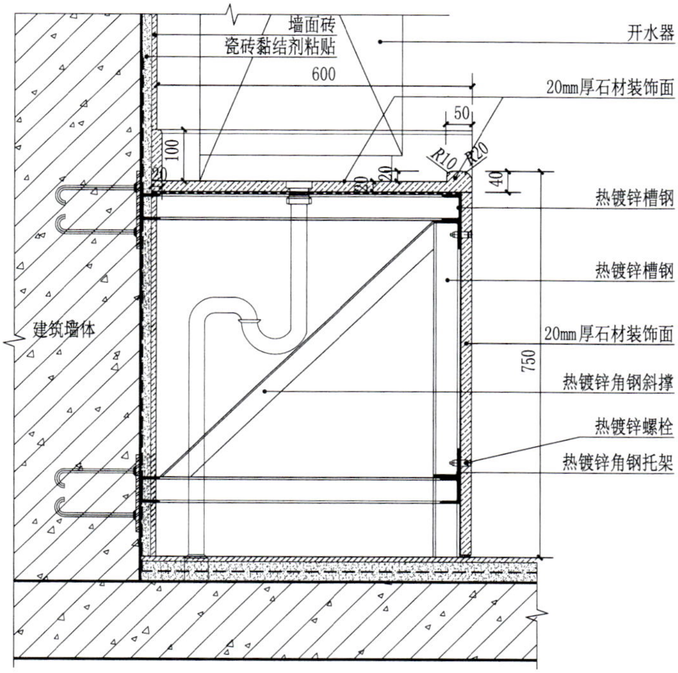

图 6.8　饮水台

三、实例

实例 6-1　男卫生间

实例 6-2　女卫生间

实例 6-3　卫生间门套

实例 6-4　盥洗室

实例 6-5　墙面地面接缝处理

实例 6-6　隔间与墙砖对缝

实例 6-7　蹲便器冲水阀

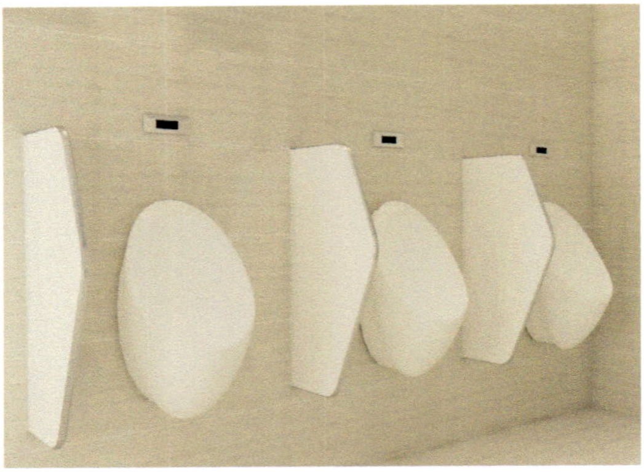

实例 6-8　小便斗与墙砖、地砖对缝

实例 6-9　卫生间吊顶与风口结合

实例 6-10　洗手盆

实例 6-11　洗手盆漏网

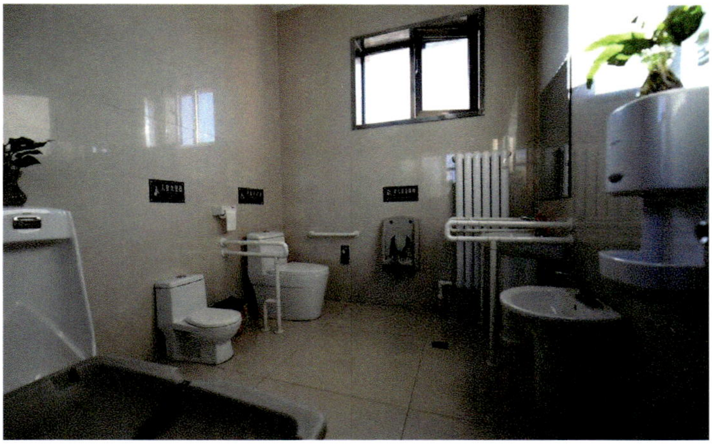

实例 6-12　第三卫生间

实例 6-13　饮水台及开水器（一）

实例 6-14　饮水台及开水器（二）

实例 6-15　开水台茶叶漏

第七章

幕墙与门窗

一、设计要点

1　玻璃幕墙

1.1 幕墙应与主体结构有足够的相对位移能力，其龙骨设计应满足主体结构的变形。幕墙支撑与主体结构连接应安全可靠。

1.2 当幕墙与门形成一个整体时，两者应进行整体设计，板面分格应均匀协调。门的正中心上方不应出现幕墙立梃。

1.3 幕墙立面设计应简洁明快、分块均匀。单块钢化玻璃最大许用面积宜为 $6m^2$，单块夹层玻璃最大许用面积宜为 $8m^2$。从楼、地面向上的第一块玻璃的高度不宜小于 2.2m。宜采用高透低反射的超白安全玻璃（有特殊效果要求的除外），且应满足节能要求，超白安全玻璃应符合现行《超白浮法玻璃》（JC/T 2128）中一等品或优等品的相关规定。玻璃幕墙第一块分格范围内不宜设置通风窗。

1.4 通过玻璃幕墙可视的室内构筑物应做装饰处理。当构件需穿幕墙时，幕墙洞口封堵节点应单独设计。

1.5 幕墙玻璃不应直接落地，应采用玻璃框落地，并设置防撞踢脚，踢脚高度不宜超过 100mm。

1.6 当玻璃幕墙在楼面层设防撞设施时，宜采用 ϕ50mm 的不锈钢管扶手及 ϕ40mm 的不锈钢管踢脚，扶手和踢脚高度应分别为 1100mm 和 100mm。

1.7 幕墙型材及外露钢结构面层涂装材料应具有良好的防腐和抗老化性能，宜采用氟碳涂层。

1.8 建筑玻璃的厚度应根据具体工程计算确定，并应符合现行《建筑玻璃应用技术规程》（JGJ 113）等标准的相关规定。

2　石材幕墙

2.1 石材幕墙分格尺寸应适宜，单块石材板面面积不宜大于 $1.5m^2$，同一区域石材的颜色应均匀一致。

2.2 石材幕墙应采用背栓式干挂石材幕墙系统，其构造应方便施工。石材厚度应结合安装方式和强度要求确定，且不应小于 25mm，抗压强度不应低于 MU110。挂件及紧固件应采用不锈钢等高强度、耐腐蚀的材质。

2.3 石材装饰阳角收边宜进行圆弧或钝化处理。

2.4 室外石材幕墙结构连接方式应满足伸缩、不均匀沉降等要求。

2.5 人员密集场所和通道上部严禁采用倒挂（贴）做法。

3　金属板幕墙

3.1 金属板幕墙采用单层铝板时，铝板基材公称厚度（不包括涂层）不应小于 2.5mm。板块过大时，应按需要设置边肋和中肋等加强措施保证产品的平整度。

3.2 距楼、地面 2m 以下的室内外铝板幕墙应加背衬板或后置加强筋，表面应平整、连接应牢固。

3.3 室外铝板缝宽应与建筑风格相协调。需打胶时，宜采用凹缝，胶缝颜色应与整体协调。

3.4 铝板幕墙宜采用卡挂方式固定，不得采用拉铆方式固定。

4 门

4.1 站房主出入口宜集中设置在一个结构柱跨内，进出站门不应设置影响旅客通行的门轴、立梃等障碍物。大型及以上车站主入口应采用电动感应门和平开门组合，中小型车站主入口可不设电动感应门。

4.2 主入口设计应与静态标识统筹考虑，进出站门的门扇分隔应均匀，门扇的开启高度不宜大于 3.0m，门扇宽度宜为 1.05m ~ 1.20m，开启扇应满足密闭性要求。门拉手应安全、美观、耐久，宜采用亚光不锈钢管拉手。

4.3 公共区域同一空间或墙面的门、窗顶部应平齐，门、窗的颜色应一致，并应与空间整体效果相协调。门宜设门套，门套材质应与墙面材料协调统一。有水的房间不应采用木门。

4.4 进、出站口应采用密封性能好的平开门，不应采用旋转门。大风或 8 级及以上台风地区应采用满足抗风安全要求的带自动闭门器的外开平开门，不应采用地弹门。

4.5 同一空间内防火门与其他门的高度不一致时，应通过门套的装饰做到高度一致。防火门形式应满足建筑装饰的设计要求。

4.6 平开门采用地锁时，地锁应与地面安装平齐。

4.7 玻璃门应采用有框玻璃门，宜采用与幕墙同色系的铝合金门框，设双密封条。当门框采用不锈钢材料时，宜采用亚光不锈钢，室内宜为 304 不锈钢材质，室外宜为 316 不锈钢材质。当门框采用铝型材时，应选用耐久性好、强度高的型材。竖框宽度宜为 50mm ~ 100mm，下横框高度不宜小于 190mm，门体型材厚度不应小于 2mm。玻璃与边框之间应有缓冲胶垫。门轴、合页、拉手应采用坚固耐久性强的配件。玻璃幕墙配套用铝合金门窗应符合现行《铝合金门窗》（GB/T 8478）的相关规定。门扇高度大于 2.4m 时，设计应明确门扇尺寸，门框、门体及安装配件均应选用优质品。

4.8 电动感应门应设置上、下轨道和上、下滑轮，下轨道应与楼地面安装平顺。

5 窗

5.1 公共空间的外窗不应设防盗栏或防

盗网。

5.2 窗棂不得影响视觉效果，且窗框应与门框及幕墙分格保持一致。窗与地面交接处，窗框应外露。

5.3 自然排烟窗应符合现行《建筑用电动控制排烟侧窗》（JG/T 307）的相关规定。

5.4 自然排烟窗的设计应具有机械自锁功能和窗扇关闭拉紧功能，当窗扇处于关闭时，窗扇和窗框之间胶条的压缩量不应小于 3mm。开启机构应与幕墙构件结合设置。

5.5 自然排烟窗宜具有多种开启角度的设置功能，实际开启角度与设置开启角度误差不应大于 10%，开启角度应小于 70°，宜采用 45°，不宜设平天窗。

6 其他

6.1 门、窗玻璃宜采用高透低反射超白安全玻璃，且窗高应与室内吊顶装修净高相协调。

6.2 门、窗选用的合页应符合现行《建筑门窗五金件　合页（铰链）》（JG/T 125）中门的使用频率Ⅰ和窗的使用频率Ⅲ的相关规定。

6.3 建筑幕墙、门窗面板、型材等主要构配件的设计使用年限不应低于 25 年。

6.4 客站严禁采用全隐框玻璃幕墙。铁路线路上方外墙不宜设置石材和玻璃幕墙，必需设置时，应在幕墙下方设置挑檐、防冲击棚等防护设施。

6.5 不同饰面材料幕墙分格、颜色应协调。通透玻璃幕墙处的室内外墙面饰面材料水平缝宜一致。

6.6 除玻璃幕墙外，外墙面 2m 以下装饰材料宜采用不易破损、易维护、耐久性好的抗冲撞材料。

6.7 装饰面层及基层应在结构变形缝处断开，并应满足结构变形的要求。

6.8 所有块材之间的接缝应根据块材的大小、缝宽以及防水构造要求选用离缝、打胶或压扣条的形式进行构造处理。

6.9 幕墙范围内的所有管线应进行隐蔽处理。

6.10 幕墙防雷装置必须与主体结构防雷装置可靠连接。

二、参考图

1 玻璃幕墙分格

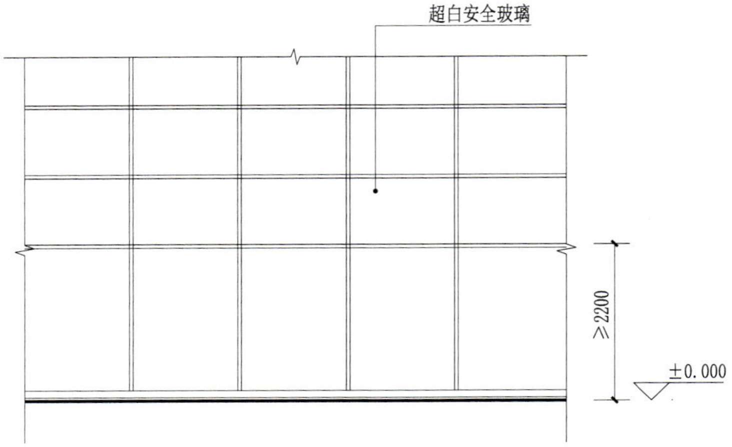

图 7.1 玻璃幕墙第一块玻璃分格高度

2 玻璃幕墙防火封堵

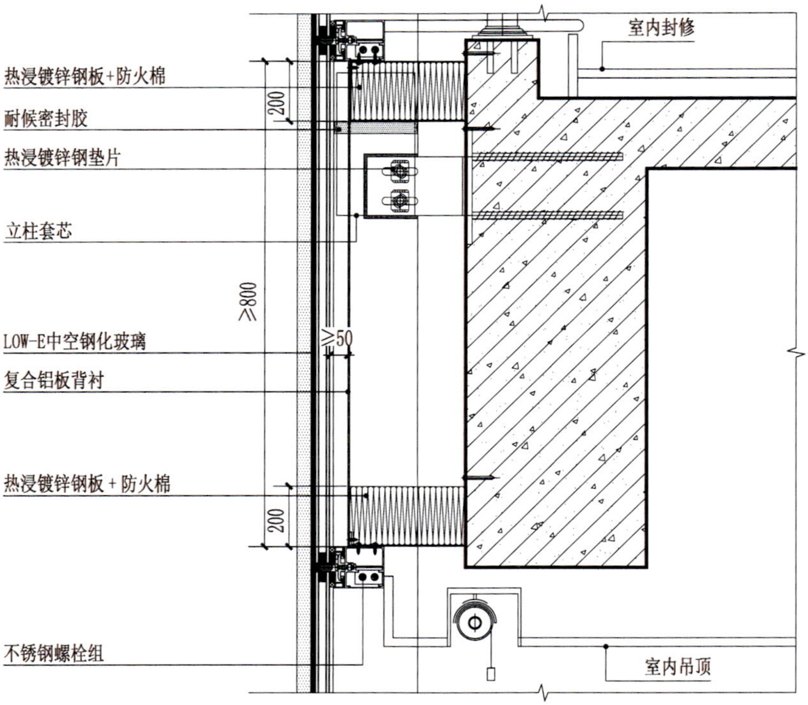

图 7.2 玻璃幕墙防火封堵

3　室外石材幕墙缝处理

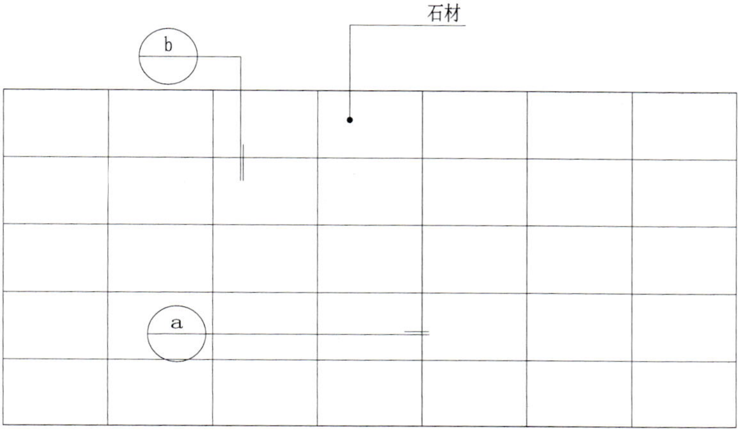

图 7.3-1　石材幕墙立面分格（缝宽为 8mm）

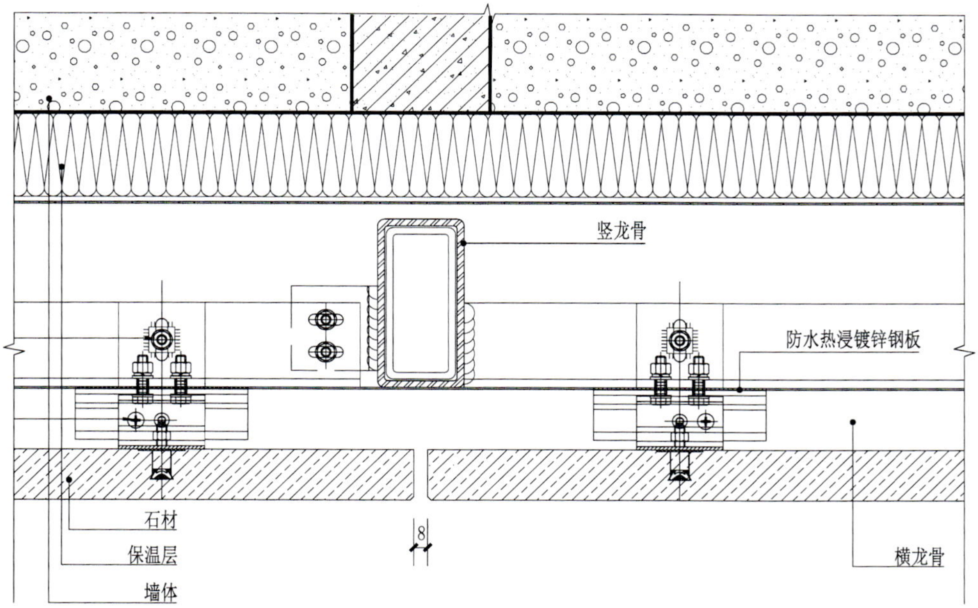

a)

图　7.3-2

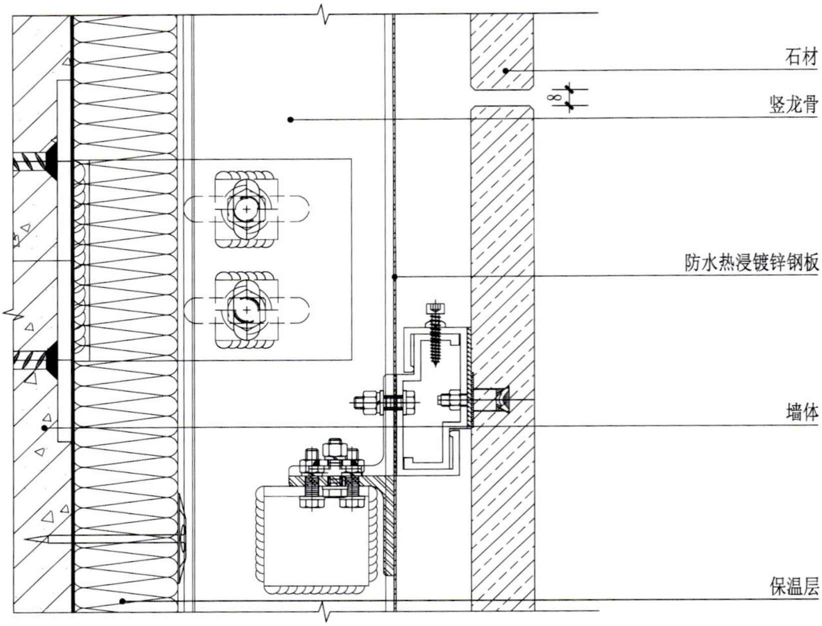

b)

图 7.3-2　石材幕墙缝开放处理

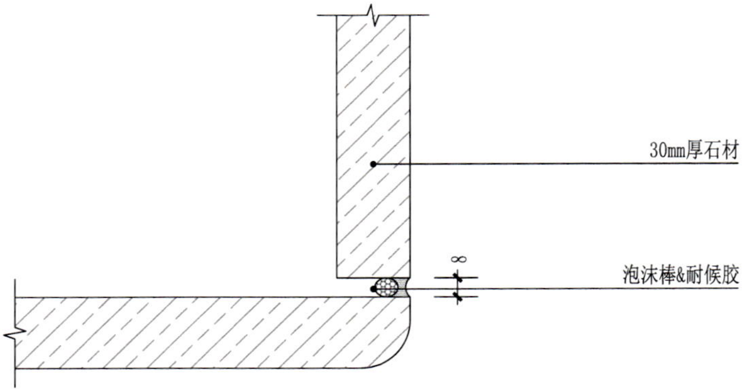

图 7.3-3　石材幕墙缝阳角处理

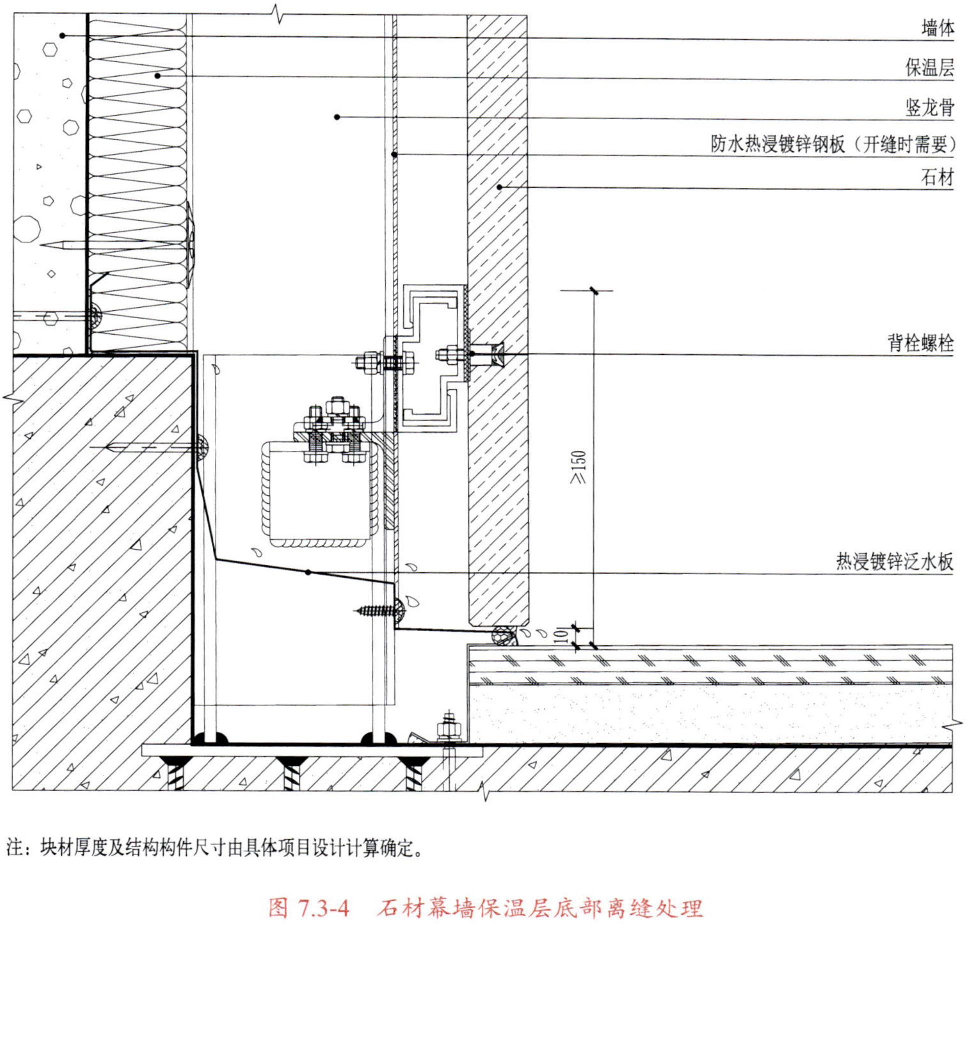

注：块材厚度及结构构件尺寸由具体项目设计计算确定。

图 7.3-4　石材幕墙保温层底部离缝处理

4 室外铝板幕墙缝处理

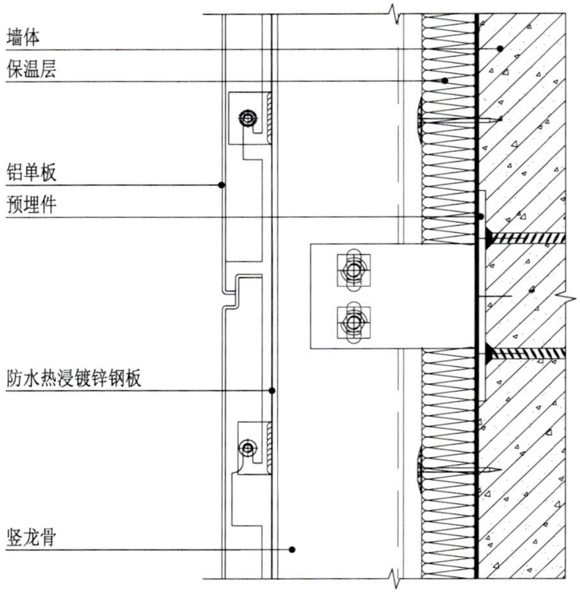

图 7.4-1 铝板幕墙缝处理——不打胶，设防水板（干法施工）

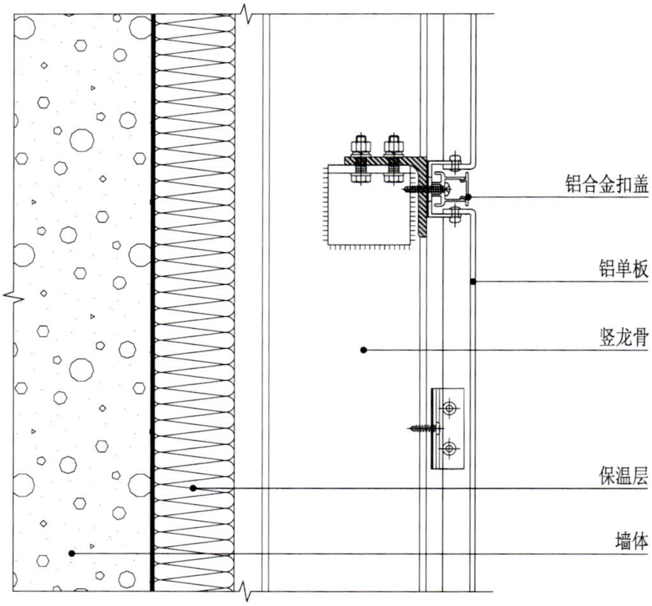

图 7.4-2 铝板幕墙缝处理——不打胶，缝间有盖板

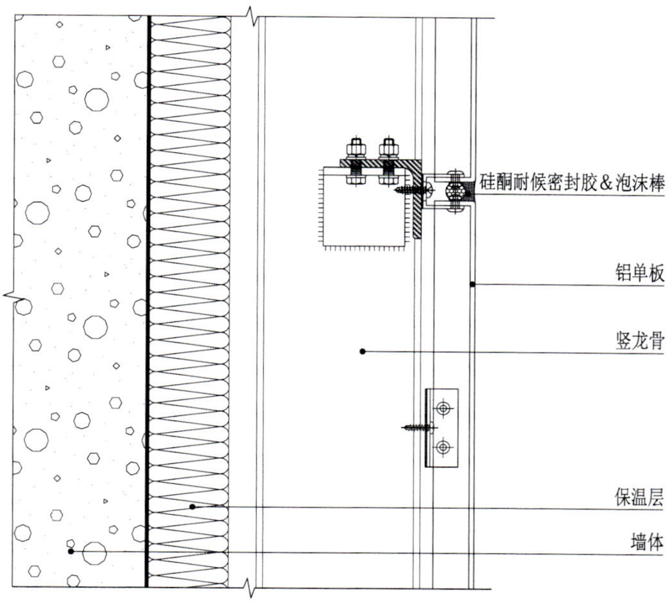

图 7.4-3　铝板幕墙缝处理——打胶处理（湿法施工）

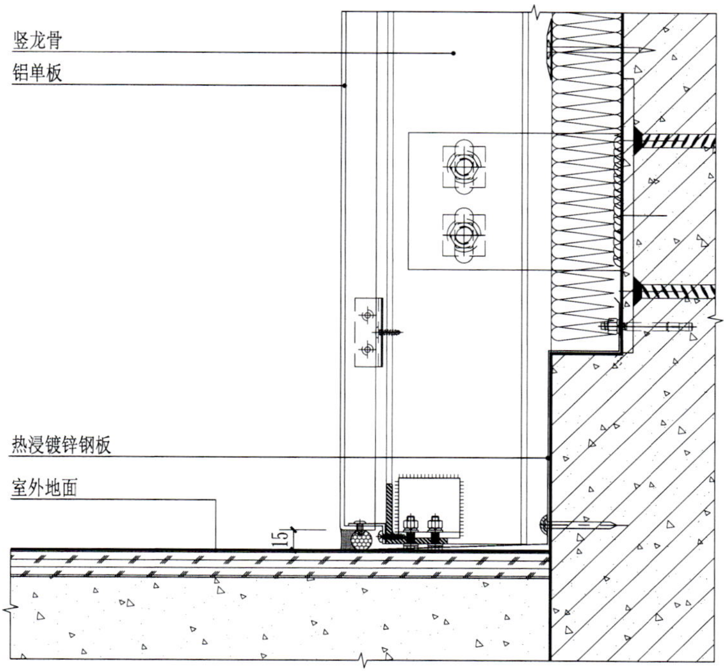

图 7.4-4　铝板幕墙保温层底部离缝处理

5 主入口门

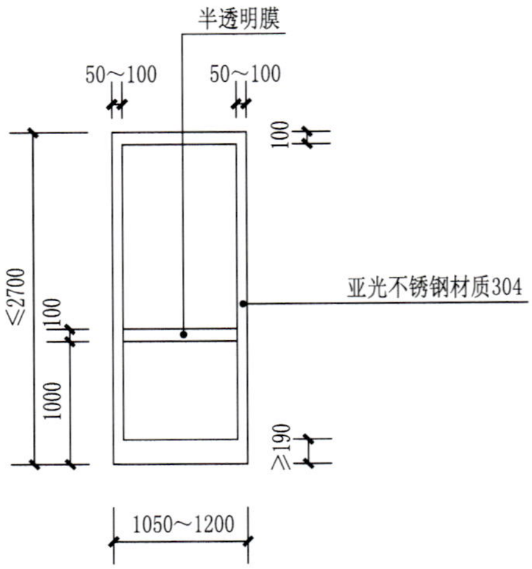

图 7.5-1　门框立面图

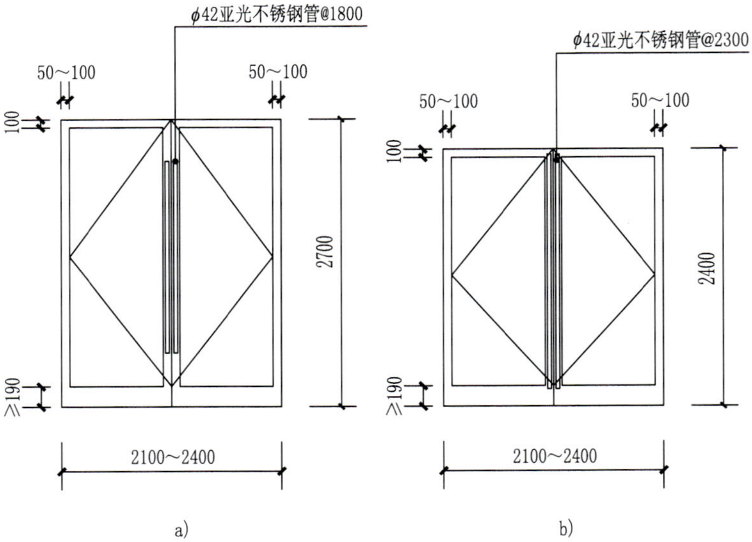

图 7.5-2　门把手立面图

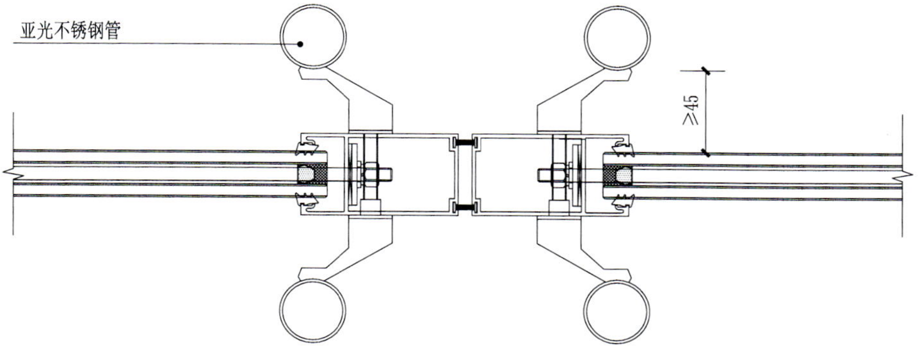

图 7.5-3　门把手断面

6　门框密封毛条

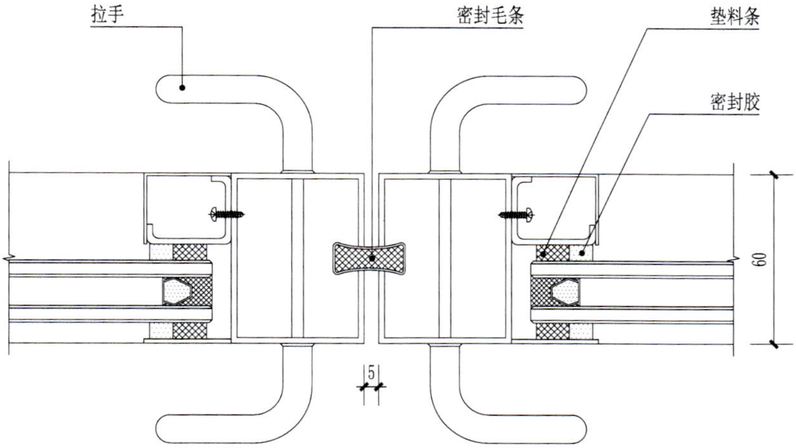

注：玻璃厚度及门框构件尺寸由具体项目设计验算确定。

图 7.6　门框密封毛条

三、实例

实例 7-1　玻璃幕墙和室内装修对缝处理

实例 7-2　石材幕墙对缝处理细部（一）

实例 7-3　石材幕墙对缝处理细部（二）

实例 7-4　石材阳角倒圆角处理

实例 7-5　石材幕墙与玻璃幕墙的结合处理

实例 7-6　仿石铝板幕墙

实例 7-7　块材幕墙细部（一）

实例 7-8　块材幕墙细部（二）

实例 7-9　铝板幕墙对缝处理（一）

实例 7-10　铝板幕墙对缝处理（二）

实例 7-11　铝板幕墙圆弧转角对缝处理

实例 7-12　铝合金门框玻璃门

实例 7-13　门锁

第八章

金属屋面与檐口

一、设计要点

1 金属屋面

1.1 金属屋面面板宜采用耐候性好的压型铝镁锰金属板，并应设下层金属衬板，面板不应使用压型钢板。

1.2 金属屋面应按围护结构进行设计，并应具有足够的承载力、刚度、稳定性和变形能力。

1.3 金属屋面板的支座及紧固件应通过计算确定，直立锁边铝镁锰板与T码支座的咬合连接强度应根据抗风揭（掀）试验确定。

1.4 采用直立锁边连接的压型铝镁锰板应减少板长方向的搭接接头数量，且单板长度不宜超过50m。

1.5 在较大负风压（风吸荷载）环境下，直立锁边铝镁锰金属屋面宜采取减小板宽、减小板跨、增加板厚的措施，并应根据抗风需要设置抗风夹及抗风压杆。

1.6 金属屋面系统固定支座处有热桥效应时，应在固定支座下部设置绝缘隔热垫。

1.7 金属屋面不锈钢天沟设计应设置变形缝伸缩导流装置。

1.8 严寒和寒冷地区金属屋面应采取挡雪、融雪、防冻和便于人工清雪的安全措施。

1.9 金属屋面马道、钢爬梯及外部防雷装置的设置不宜影响站房的立面效果，宜选用可靠耐久、坚固美观的材料，并应安装牢固。

1.10 有光伏发电需求的屋面，应做好接口设计，避免漏水。

2 屋面采光顶

2.1 屋面采光顶应采用夹层玻璃、含夹层玻璃的中空玻璃或含夹层玻璃的真空玻璃，且夹层玻璃应位于下侧。玻璃宜采用超白玻璃原片。

2.2 屋面采光顶宜设置玻璃防坠落措施，并兼顾玻璃的检修更换，玻璃单块面积不应大于$2.5m^2$，长边边长不宜大于2m。

2.3 有消防要求的屋面采光顶开启窗应实现与消防系统联动。

2.4 屋面采光顶开启窗应设防飘雨雪挑檐。

2.5 屋面采光顶应设有支撑结构，并自成体系，不应直接固定在金属屋面板上，且与屋面板衔接处及天窗水平檐口处应做防漏专项设计。

2.6 屋面采光顶应保证室内光线柔和，并根据需求采取遮阳措施。

3 变形缝及天沟

3.1 中小型站房应避免使用内天沟；大型及以上站房不宜采用内天沟，无法避免时，天沟的位置应避开重要设备用房、重要设施。天沟内应采取有效的溢流措施。

3.2 屋面板、封檐板、天沟的变形缝应满足伸缩量要求，且不应出现漏水、透光现象。排水天沟在无可靠措施保证不漏水时不宜跨越变形缝。

3.3 重力排水天沟沟底应按汇水面积计算结果向雨水斗找坡，天沟伸缩缝应设于沟底坡顶处。

3.4 金属屋面宜采用不锈钢板天沟，天沟钢板厚度不应小于2.5mm。天沟的伸缩缝设置应符合现行《采光顶与金属屋面技术规程》（JGJ 255）的相关规定。

4 室外吊顶与檐口

4.1 室外吊顶和檐口与外幕墙材料分格、颜色应协调。

4.2 龙骨及配件采用钢材时，应进行热浸镀锌处理。外露部位龙骨宜采用与室外吊顶及檐口板同色处理。

4.3 室外吊顶与檐口系统应进行抗风计算或试验，吊顶板、封檐板与龙骨、龙骨与龙骨、龙骨与主体结构之间的连接应安全可靠。

4.4 吊顶板与龙骨间的连接方式宜采用螺栓连接。吊顶板采用卡扣件形式与龙骨固定时，应经试验验证连接的可靠性。单层铝合金封檐板应根据受力要求设置加劲肋，加劲肋的固定可采用电栓钉，铝板外表面不得变形、褪色，固定应牢固，加劲肋宜采用矩形管、C形槽、U形槽等铝合金型材，加劲肋应能直接传递外部荷载到龙骨上。

4.5 室外吊顶与檐口悬挂物质量不大于3kg时，应采用螺栓或预埋吊钩方式对称将其固定在结构或龙骨上。悬挂物质量大于3kg时，宜固定在主体结构上；悬挂物固定在二次结构上时，应进行受力核算，固定点不得少于2个。

4.6 站房四周檐口上部及下部应分别设置挡水线和滴水线，檐口上部应设向内侧天沟方向的缓坡。

4.7 外围护结构应延伸至屋面板底部，围护封堵措施应可靠并满足房屋的防火、防水及节能设计要求。

5 站名牌

5.1 站名牌应采用“站名＋站”的形式，并采用红色LED发光体。站名字体样式应符合铁路旅客车站标识系统的相关规定。

5.2 站名牌宜设置在屋面上，安装固定杆件应隐藏在字体的笔画后面。站名牌设置在通透玻璃幕墙时，站名牌应采用双面装饰字，直接固定在幕墙龙骨上。

5.3 站名牌字体高度应与站房立面相协调。站名牌外轮廓面积与站房外立面轮廓面积比值宜为3%，站名牌字体高度与站房檐口高度比值宜为17%。

5.4 站名牌支架应与主体结构可靠连接，并进行结构受力验算。

6 金属屋面抗风揭措施

6.1 金属屋面的屋脊盖板、变形缝盖板、封边板、收口板、披水板等面板应通过螺栓或自攻螺钉等与屋面结构可靠连接。

6.2 直立锁边铝镁锰板屋面系统抗风揭应符合下列要求：

6.2.1 压型铝镁锰板单元板宽不应大于400mm，板厚不应小于0.9mm；屋面板所受风吸荷载标准值不小于1.5kN/m^2时，压型铝镁锰板单元板宽不应大于360mm，板厚不应小于1.0mm；屋面板所受风吸荷载标准值不小于2.0kN/m^2时，压型铝镁锰板单元板宽不应大于300mm，板厚不应小于1.0mm。

6.2.2 T码支座的间距应计算确定，顺板方向不应大于1500mm；屋面板所受风吸荷载标准值不小于1.5kN/m^2时，T码支座顺板方向间距不应大于1200mm；屋面板所受风吸荷载标准值不小于2.0kN/m^2时，T码支座顺板方向间距不应大于1000mm。屋面天沟、檐口、屋脊、山墙转角等区域，应根据计算加密支撑结构及固定点。

6.2.3 直立锁边铝镁锰板屋面应根据抗风需要设置抗风夹、抗风压杆，抗风夹、抗风压杆可根据屋面风吸荷载大小采用局部边角设置或整体满布设置方案，屋面板抗风夹设置方案应根据屋面系统热胀冷缩的需求制定并设置在屋面板支座处。抗风夹、抗风压杆宜采用高强耐腐蚀材质。

6.2.4 天沟、檐沟与屋面板的连接以及屋脊处压边收口、支座处封口处理应根据密封性要求进行节点设计。

7 金属屋面防电化学腐蚀措施

7.1 铝合金材料与不锈钢以外的金属材料或含酸性、碱性的非金属材料接触、紧固时，应采用绝缘垫片分隔。

7.2 直立锁边铝镁锰板屋面应选用现行《铝合金建筑型材　第1部分：基材》（GB/T 5237.1）规定的6061/T6型铝合金T码支座，支座下部应设置绝缘隔热垫。

7.3 与金属屋面配套使用的螺栓、自攻螺钉等紧固件应采用不锈钢材质，并应符合现行《紧固件机械性能不锈钢螺栓、螺钉和螺柱》（GB/T 3098.6）的相关规定。

8 屋面防水、防渗

8.1 站房金属屋面的防水等级应为一级，防水层设计使用年限不应小于30年。

8.2 排水系统总排水能力采用的设计重现期应根据建筑的重要性和溢流造成的危害程度确定。

8.3 不锈钢天沟内侧可设置附加柔性防水层，防水层延伸至金属屋面板下宽度不宜小于1.5m，防水材料应满足屋面和天沟变形要求。

8.4 采光屋面应根据板材温差变形等特性，采取防渗漏雨水的构造措施。

8.5 采光屋面和金属屋面应进行防结露设计。采光屋面宜采取凝结水排放措施。

8.6 桥下站内公共区域和重要设备机房以及高大空间内重要设备机房宜设置独立屋面，独立屋面应单独采取防水措施。

8.7 直立锁边金属屋面坡度较大且下水坡长度大于50m时，宜选用咬合部位具有密封功能的金属屋面系统，密封方式可采用在公肋凹口内粘贴防水胶条。

9 屋面雨水排水系统

9.1 建筑屋面雨水排水系统应根据屋面形态进行选择。屋面雨水排水系统的设计流态应根据排水安全、经济性、建筑竖向空间要求等因素综合比较确定。汇水面积大于2500m^{2}的大型屋面可采用虹吸式屋面雨水排水系统。

9.2 屋面雨水排水系统应选择有组织排水系统，排水管的转向处宜作顺水连接。

9.3 屋面雨水设计降雨历时可取5min，屋面汇水面的径流系数可取1。

9.4 虹吸屋面雨水排水系统单个压力流的最大设计汇水面积不宜大于2500m^2，一个汇水区域内雨水斗不宜少于2个，雨水立管不宜少于2根，同一系统的雨水斗宜在同一水平面上。

9.5 虹吸屋面雨水排水系统雨水斗不得设在立管顶部，悬吊管上连接多个雨水斗时，雨水斗宜采用立管对称布置，雨水斗间距不应大于20m。

9.6 金属屋面排水系统设计应进行排水能力检算。虹吸式屋面排水系统应设溢流口或独立的溢流管道系统。采用溢流管道系统时，溢流水应排至室外地面；采用溢流口时，溢流口的位置应隐蔽。溢流排水不得危害建筑设施和行人安全。

9.7 虹吸屋面雨水排水系统接入同一根立管的雨水口的标高应相同。

9.8 虹吸屋面雨水排水系统的高密度聚乙烯（HDPE）悬吊管应采用方形钢导管固定。管道跨越变形缝时应设置伸缩装置。

9.9 寒冷及严寒地区有防冻要求的雨水立管宜设置在室内，雨水管应牢固固定在建筑物承重结构上。

二、参考图

1　检修口

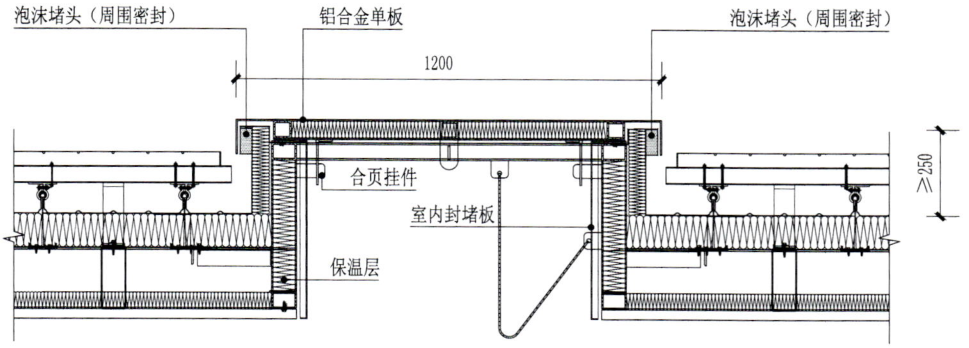

图 8.1　屋面检修口

2　屋顶网架与室外封堵保温节点

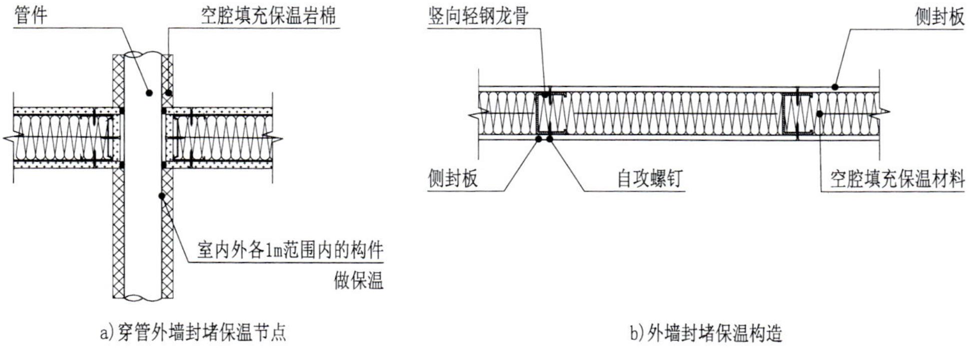

图 8.2　屋顶网架与室外封堵节点

3 站名牌支架出屋面防水节点

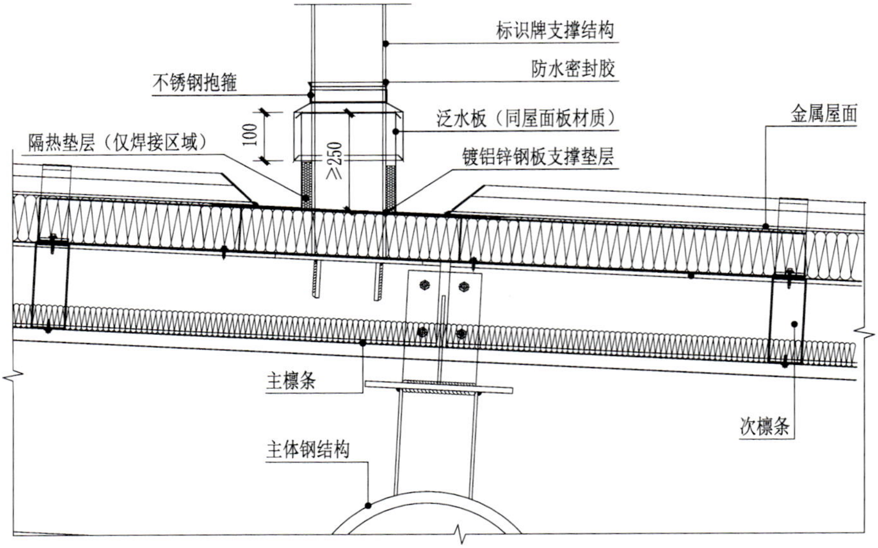

图 8.3　站名牌支架出屋面防水节点（顺水方向剖面）

4 直立锁边铝镁锰板设抗风夹和防风压杆构造节点

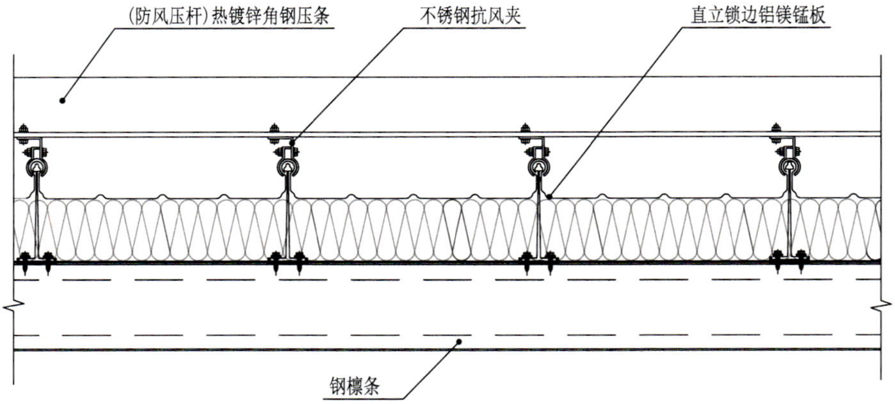

图 8.4　直立锁边铝镁锰板设抗风夹和防风压杆构造

5　虹吸排水管与主结构安装节点

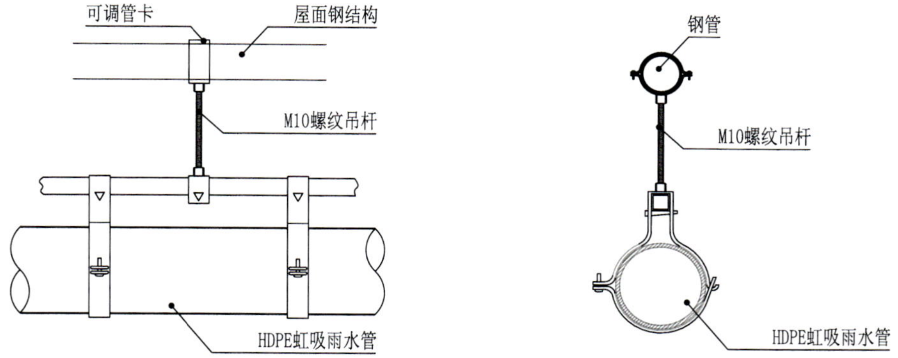

a）平面图　　b）立面图

图 8.5-1　虹吸排水横管与主结构安装节点

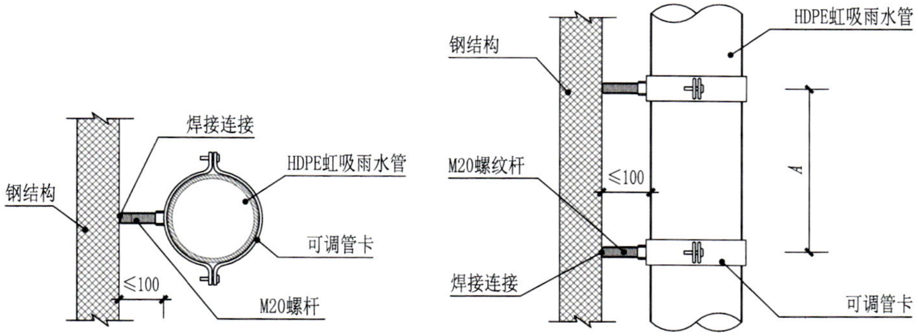

a）平面图　　b）立面图

注：*A*根据单体设计。

图 8.5-2　虹吸排水竖管与主结构安装节点

三、实例

实例 8-1　屋面板满布抗风夹加压条（一）

实例 8-2　屋面挡雪系统和防风夹（二）

实例 8-3　室外檐口及吊顶（一）

实例 8-4　室外檐口及吊顶（二）

实例 8-5　室外檐口及吊顶（三）

实例 8-6　室外檐口及吊顶（四）

实例 8-7　室外檐口及吊顶（五）

实例 8-8　室外檐口及吊顶（六）

实例 8-9　室外檐口及吊顶（七）

实例 8-10　屋面站名牌（一）

实例 8-11　屋面站名牌（二）

实例 8-12　通透玻璃幕墙上的站名牌（一）

实例 8-13　通透玻璃幕墙上的站名牌（二）

实例 8-14　通透玻璃幕墙上的站名牌（三）

第九章

电梯、自动扶梯、楼梯、栏板、隔断

一、设计要点

1 电梯

1.1 中小型客站电梯额定载重量宜为1600kg，大型及以上客站电梯额定载重量宜为2000kg。额定运行速度宜为1m/s ～ 1.75m/s。轿厢门的尺寸宽×高不宜小于1200mm×2100mm。

额定载重量1600kg的电梯，无对重安全钳时，井道尺寸长×宽宜为2800mm×2400mm；有对重安全钳时，井道尺寸长×宽宜为2900mm×2500mm。额定载重量2000kg的电梯，无对重安全钳时，井道尺寸长×宽宜为3000mm×2600mm；有对重安全钳时，井道尺寸长×宽宜为3100mm×2700mm。电梯井道底坑深度不应小于1600mm。

1.2 透明井道电梯应采用明框玻璃幕墙，玻璃宜采用超白安全玻璃原片，分块应整齐，电梯厅门侧从楼、地面向上的第一块玻璃的分隔高度不宜小于2200mm。轿厢提升结构与玻璃幕墙结构的受力构件不宜重复设置，构件分隔应统一美观。透明井道电梯土建梁柱应整齐、美观，可视的构筑物应做装饰处理。

1.3 电梯井道内线缆应经线槽布设，线槽的布置应整齐、美观，且强电和弱电电缆应分槽布设。控制面板宜采用亚光不锈钢板，控制按钮和显示屏应布置美观、数字清晰、质感良好。电梯轿厢内应设置防撞护栏。

1.4 电梯与楼面、地面衔接处不应出现错台。防撞踢脚应采用外径40mm不锈钢管通长设置，踢脚中心距井道外围护结构不应大于100mm，距地面高度宜为100mm。

1.5 电梯轿厢内应设置视频监控、五方通话设备。

1.6 室外透明井道内宜设通风散热措施，电梯轿厢内宜设空调。

2 自动扶梯

2.1 自动扶梯应采用公共交通型，梯级宽度不应小于1000mm，扶手高度应为1000mm，应具有变频调速功能。自动扶梯与楼梯并排设置时，倾角宜采用23.2°或27.3°；单独设置时倾角可采用30°。

2.2 自动扶梯额定速度不应低于0.5m/s。自动扶梯额定速度为0.5m/s时，上、下出入口导向段梯级水平移动距离不应小于1200mm，上、下水平梯级数量不应少于3块；自动扶梯额定速度为0.65m/s时，上、下出入口导向段梯级水平移动距离不应小于1600mm，上、下水平梯级数量不应少于4块。

2.3 按5000N/m^{2}的载荷计算或实测的自动扶梯桁架最大挠度不应大于扶梯支撑间距离的1/1500。中间支撑设置应符合下列规定：

2.3.1 地道内及不影响旅客通行及装饰效果的部位可设置中间支撑。

2.3.2 进站广厅、站台及其他部位临空设置的扶梯提升高度不小于8m时，可设高1m的根部支撑。

2.3.3 中间支撑、根部支撑设置位置均不应超出扶梯梯身桁架的宽度。

2.4 室内地面与扶梯上、下底板应按等标高设计；自动扶梯与地道、站台以及其他室外地面连接处，扶梯上、下底板应高于地面20mm，高出部分应按缓坡处理。

2.5 自动扶梯和相邻建筑物或墙体之间装设接近扶手带高度的扶手盖板，扶手带中心线至墙体装饰面的距离大于300mm时，应在扶手盖板上装设防滑行装置；当自动扶梯并列设置，相邻的扶手带中心线的间距大于400mm时，应在扶手盖板上装设防滑行装置。该装置应包含固定在扶手盖板上的部件，与扶手带的间距不应小于100mm，且防滑行装置之间的间隔距离不应大于1800mm，高度不应小于20mm，应无锐角或锐边。

2.6 扶梯扶手带中心线之间及其与平行墙面或楼板开口边缘间的距离：当相邻平行交叉设置时，其水平距离不应小于0.5m，否则应采取措施防止障碍物引起人员伤害。

2.7 扶梯与楼梯并列布置时，长度方向宜中心重合。楼梯踏步边缘与扶梯侧挡板宜紧贴，缝隙应打胶封堵，胶缝应平直、光滑、均匀，装修后应达到密缝效果。楼梯、扶梯之间存在高差的部位应采用与扶梯梯身相同的材料进行封堵。

2.8 并行扶梯之间的端部应安装安全玻璃栏板进行防护；平台护栏应向垂直于扶梯栏板方向进行延伸，并应与扶梯栏板紧贴，扶梯扶手处应留出安全间隙。

2.9 扶梯的自动启停感应器、运行方向指示标识应直接设置在端部装饰板上，不应分离设置。

2.10 站房室内公共空间应选用室内型扶梯；天桥、旅客地道应选用室外型扶梯。设置于旅客地道的自动扶梯，扶手护壁板宜采用不锈钢材质；设置于站房室内公共空间、天桥的自动扶梯，扶手护壁板宜采用钢化夹胶玻璃材质，玻璃宜采用超白玻璃原片。扶手护壁板按照垂直梯身方式分割，护壁板、梯身底面及侧面均应对缝安装。

2.11 自动扶梯钢桁架装饰板一般采用拉丝哑光不锈钢，当同空间墙体、梁柱采用铝板装饰时，宜采用同色系铝板装饰自动扶梯钢桁架。

2.12 自动扶梯工作点与前方影响通行的固定设施间距不应小于8m。两台相对布置的自动扶梯工作点间距不应小于 16m。自动扶梯与人行楼梯相对布置时，自动扶梯工作点与楼梯第一级踏步的间距不应小于 12m。

2.13 电、扶梯基坑不得积水，室外、半室外及地道内运行的电、扶梯基坑应设置独立排水设施，可采用重力排水或压力排水。集水井的检修口盖板不宜设置在人流密集处。地道内电、扶梯基坑集水井不得兼作地道排水井用。采用压力排水时，宜设置 2 台排水泵，并设液位报警及自动排水装置。站台雨棚覆盖范围外的电、扶梯应设置连廊与雨棚无缝衔接，并应采取防飘雨、防飘雪措施。自动扶梯的检修盖板上不应设置其他设施。

3 楼梯

3.1 单独设置的楼梯应在客流方向的右侧设行李坡道，坡道净宽应为 600mm，另一侧设扶手，扶手托架的高度、扶手与墙面的距离宜为 45mm ～ 50mm；楼梯与电梯或自动扶梯并行布置时，不应设行李坡道。

3.2 楼梯踏步高度宜为 140mm，宽度宜为 320 mm +20mm（20mm 为踏面突出踢面宽度），宜与 23.2°倾角扶梯并行。楼梯设置条件受限时，楼梯踏步高度可为 150mm，宽度可为 300 mm + 20mm（20mm 为踏面突出踢面宽度），宜与 27.3°倾角扶梯并行。

3.3 梯段内踏步石材应采用整条石材铺装。楼梯踏面边缘应做圆弧处理。楼梯宽度较大时，可采用中间铺长块石材、两侧铺短块石材的对称布置形式，石材拼缝不应设置在踏步中心，踏步上应设防滑槽。

大型及以上客站楼梯梯段石材长度应根据具体情况确定，中小型客站可按表 9-1 确定。

楼梯梯段踏步石材组合

（单位：mm）　　表 9-1

楼梯宽度（B）	踏 步 石 材
$B \leqslant 2400$	整条石材
$2400 < B \leqslant 3000$	D+1800+D
$3000 < B \leqslant 3400$	D+2000+D
$B > 3400$	D+2400+D

注：D 为两侧石材长度。

3.4 每个梯段的踏步高度、宽度应一致，相邻梯段宜一致。

3.5 临空楼梯栏板下方应设挡灰带。

3.6 当楼梯井净宽大于 0.2m 时，必须采取防止人员坠落的措施。扶梯与楼层地板开口部位之间应设防护栏杆或栏板。

4 栏板

4.1 栏板立柱应轻巧，间距不宜过密；临空处栏板离楼、地面 100mm 高度内不应留空，可设高度 100mm、宽度不大于 300mm 的挡台，或将栏板玻璃直接落地。

4.2 临空处护栏宜采用不锈钢装配式全框钢化夹胶玻璃栏板，玻璃宜采用超白玻璃原片。栏板应紧贴平台外沿设置。扶手高度应为1100mm贯通设置，宜采用外径为50mm装配式不锈钢管或根据装修风格确定。

4.3 栏板高度：

4.3.1 楼梯玻璃栏板高度应为1100mm，玻璃应嵌在扶手下，地道出入口、广厅上部商业夹层、站台纵向等临空处，玻璃栏板高度宜为1300mm，立柱应与玻璃等高。

4.3.2 桥式站站台、线侧下基本站台外侧临空高度大于12m处栏板应采用2200mm高框式玻璃栏板。台风地区旅客地道出入口采用2200mm高框式玻璃栏板或玻璃幕墙封闭时，栏板或幕墙延伸距楼梯踏步边缘的距离，楼、扶梯并行布置宜大于4.2m，楼梯单独设置宜大于3.6m；侧式站台旅客地道出入口临站台外侧布置且采用通高幕墙进行侧封时，幕墙延伸距楼梯踏步边缘的距离不应少于1个雨棚柱距；栏板、幕墙布置应综合考虑同雨棚柱、地面石材铺装尺寸的对应、协调。

4.4 扶手水平转弯处应根据扶手材质设置圆弧过渡，端部不应出现锐角；端部应设置下弯，下弯段长度宜为100mm。栏板扶手材质、规格应与楼梯扶手一致，并平滑顺接。

4.5 栏板或栏杆下部防撞杆宜采用外径为40mm的不锈钢管装配式杆件。

4.6 靠近扶梯侧楼梯栏板立柱的外侧与扶梯装饰完成面间隙不应大于110mm；临空处的楼梯栏板可直接落地，立柱宜贴近楼梯踏步端头的边沿；楼梯与墙面相邻时，应设置靠墙扶手，扶手材质及安装高度应满足相关要求。

4.7 扶手、立柱根部的法兰扣件应采用5mm厚拉丝不锈钢，四角及边缘应钝化处理，并应安装牢固，四边紧贴下部装饰面层。

4.8 固定栏板的立柱必须与主体结构埋件进行焊接，不应固定在装饰次结构之上；主体结构无埋件时，应对立柱和扶手进行结构计算并按后置埋件方式处理。

4.9 栏板应符合现行标准《建筑结构荷载规范》（GB 50009）及《建筑用玻璃与金属护栏》（JG/T 342）的相关规定，在水平荷载或风压标准值的作用下，扶手最大的相对水平位移值不应大于30mm。室外设置的栏板应根据工程所在地的风压值进行结构计算以确定立柱截面尺寸。

5 隔断

5.1 站房开敞空间宜采用软隔断，设置硬隔断时，宜设通透的玻璃隔断。

5.2 隔断高度根据功能需要宜采用1100mm或2200mm，闸机处隔断应与闸机等高，且不应设水平分格。

5.3 玻璃隔断宜采用不锈钢框式钢化夹胶玻璃，不设扶手时，应设有警示标志。

5.4 2200mm 高玻璃隔断立柱应按地面石材模数均匀布置。相邻空间之间的洞口高度小于 3600mm 时，可采用全封闭玻璃隔断。

5.5 玻璃隔断下部可采用离地高 100mm，外径 40 mm 的亚光不锈钢管防撞踢脚，或采用高度 100mm 的亚光不锈钢板防撞踢脚。

5.6 固定玻璃隔断的埋件应预埋，玻璃隔断立柱应至隔断顶部，玻璃之间不得留有缝隙。

二、参考图

1 电梯

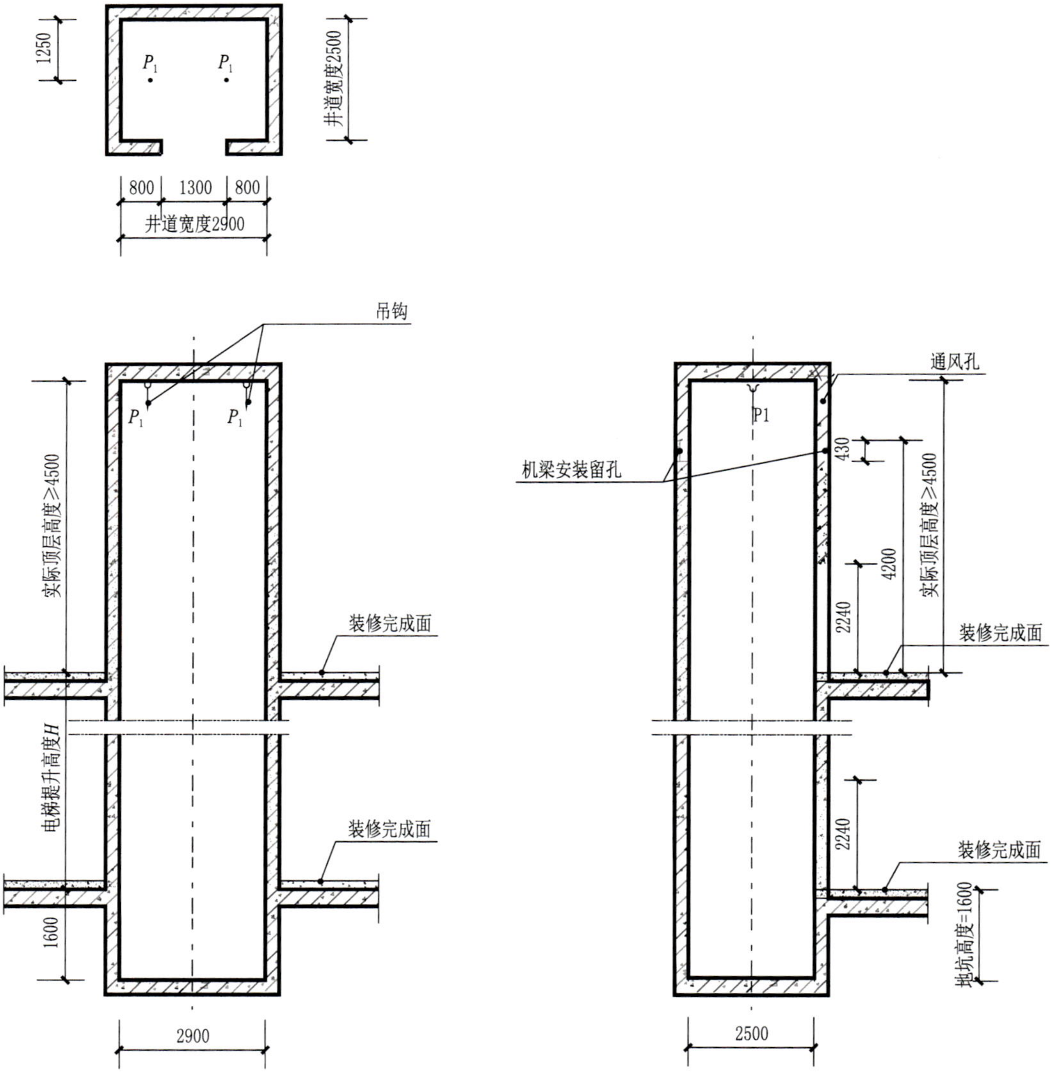

a）井道剖面图

b）井道剖面图

图 9.1-1 1.6t 混凝土井道电梯

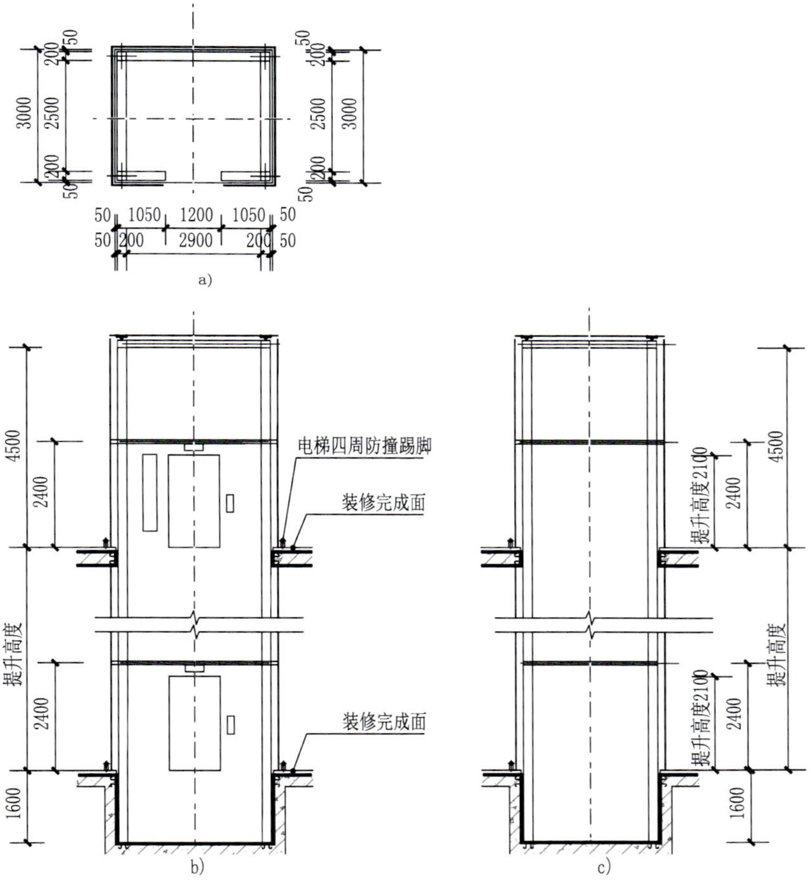

图 9.1-2　1.6 t 透明井道电梯

2　扶梯

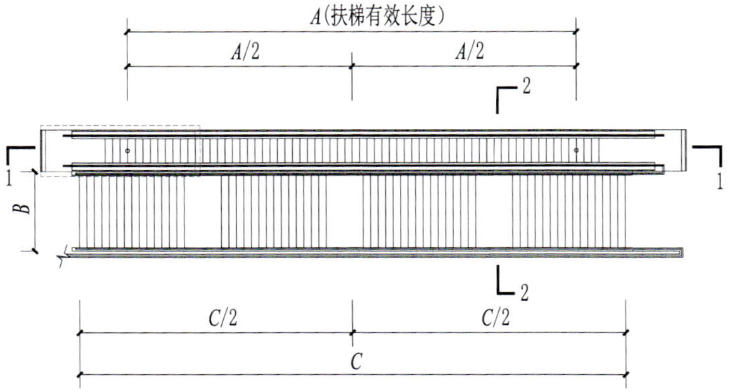

图 9.2-1　楼、扶梯并列设置平面图

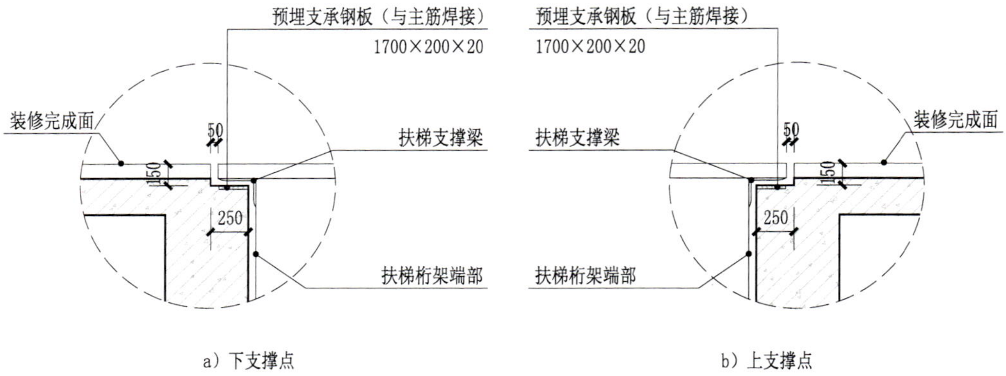

图 9.2-2　自动扶梯上下支撑点土建预留

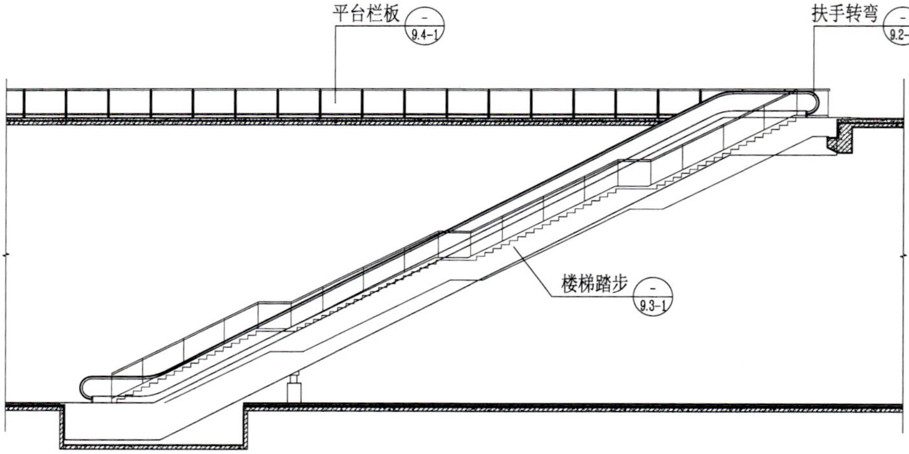

图 9.2-3　1-1 剖面图

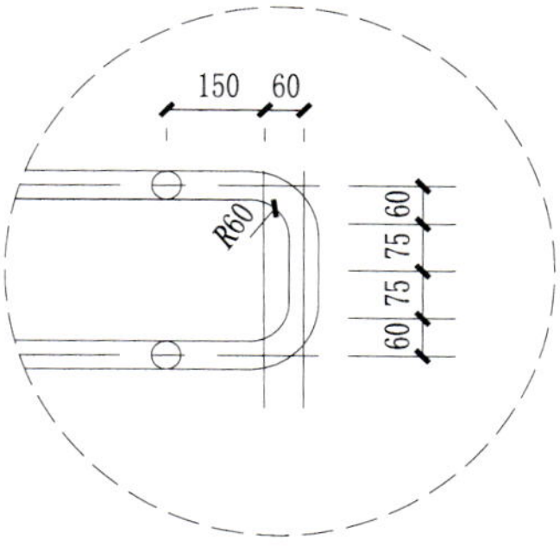

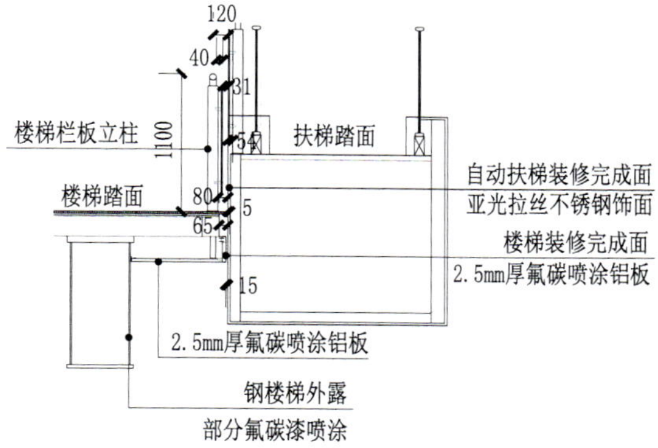

图 9.2-4　扶手转弯处

3　楼梯

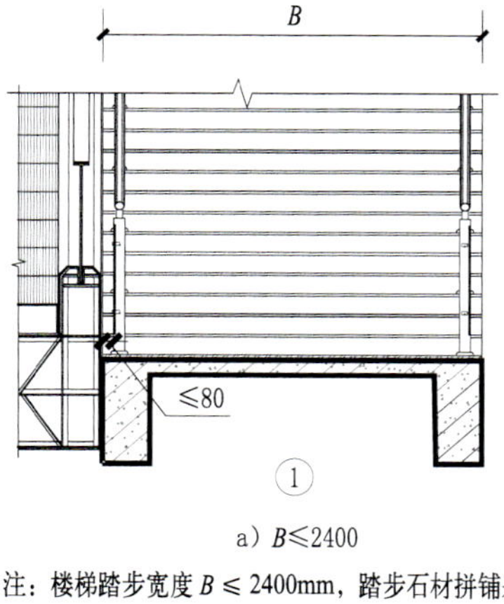

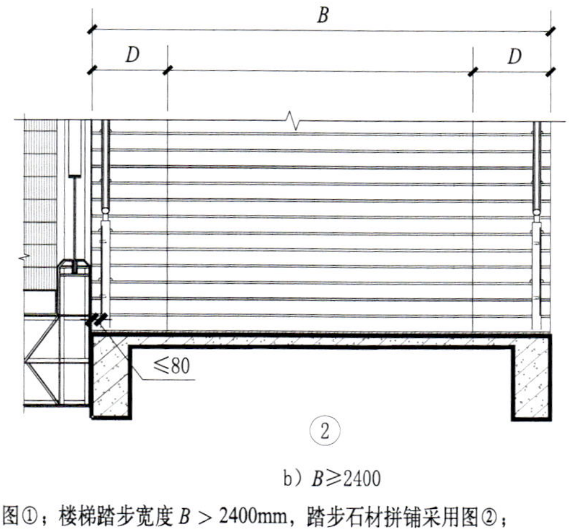

注：楼梯踏步宽度 $B \leqslant 2400$mm，踏步石材拼铺采用图①；楼梯踏步宽度 $B > 2400$mm，踏步石材拼铺采用图②；D 的尺寸按表 9-1 相应规定确定。

图 9.3-1　2-2 剖面

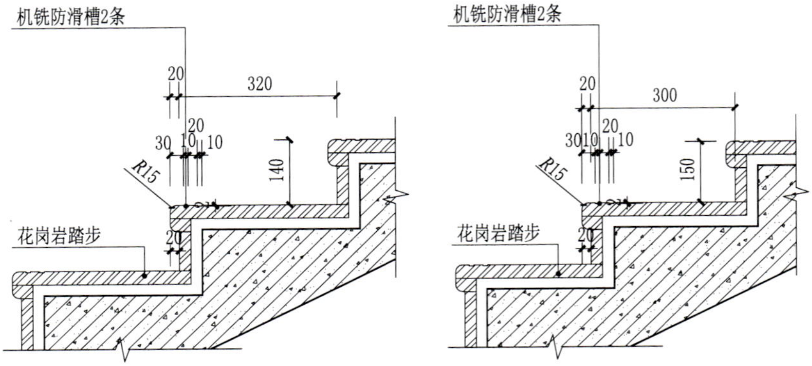

a）楼梯踏步形式一　　　　b）楼梯踏步形式二

图 9.3-2　楼梯踏步形式

4　栏杆、栏板、隔断

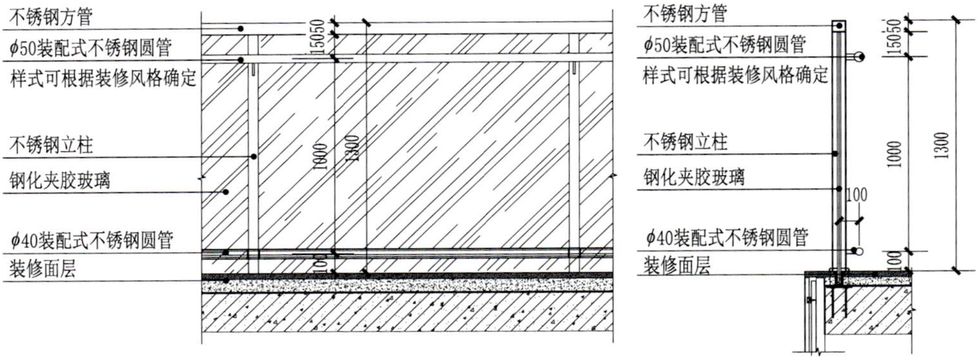

注：栏板玻璃厚度需根据立柱间距进行结构计算，扶手及立柱形式可根据单体设计。

图 9.4-1　1.3m 高玻璃栏板

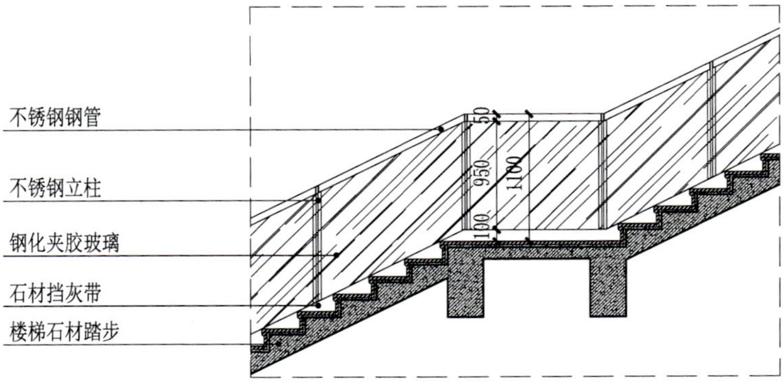

图 9.4-2　1.1m 高梯段玻璃栏板

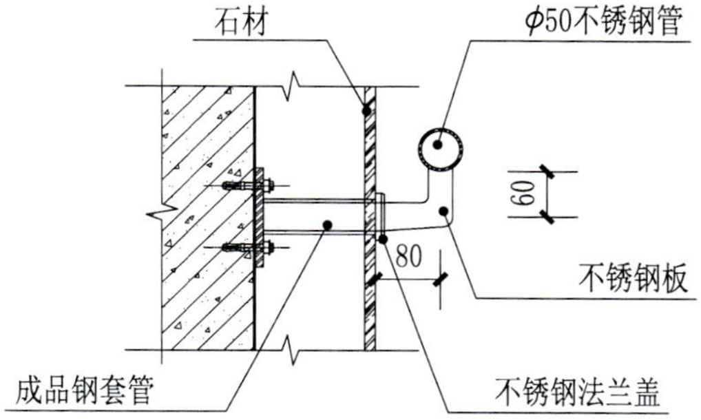

图 9.4-3　扶手贴墙安装（一）

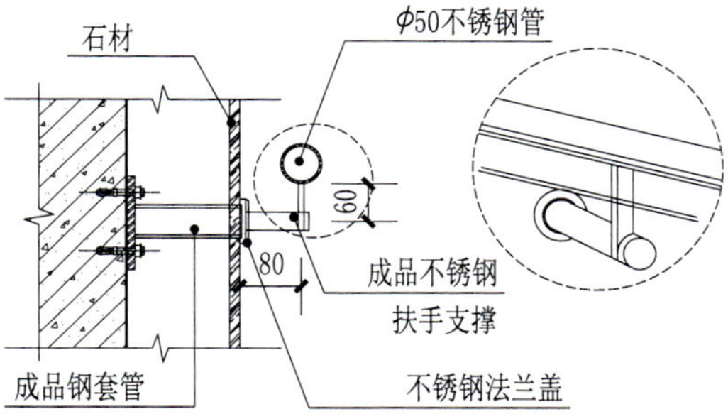

图 9.4-4　扶手贴墙安装（二）

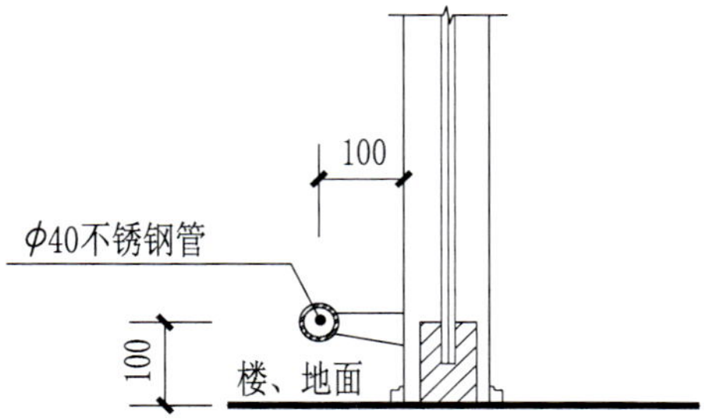

图 9.4-5　踢脚

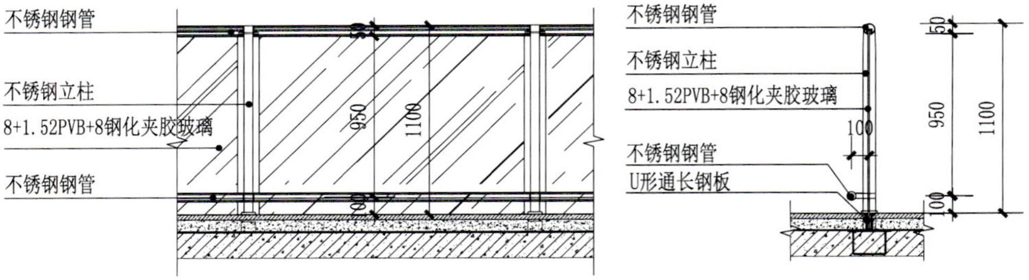

注：栏板玻璃厚度需根据立柱间距进行结构计算，扶手及立柱形式可根据单体设计，栏杆底部可踏部位宽度应小于0.22m。

图 9.4-6 1.1m 高玻璃隔断

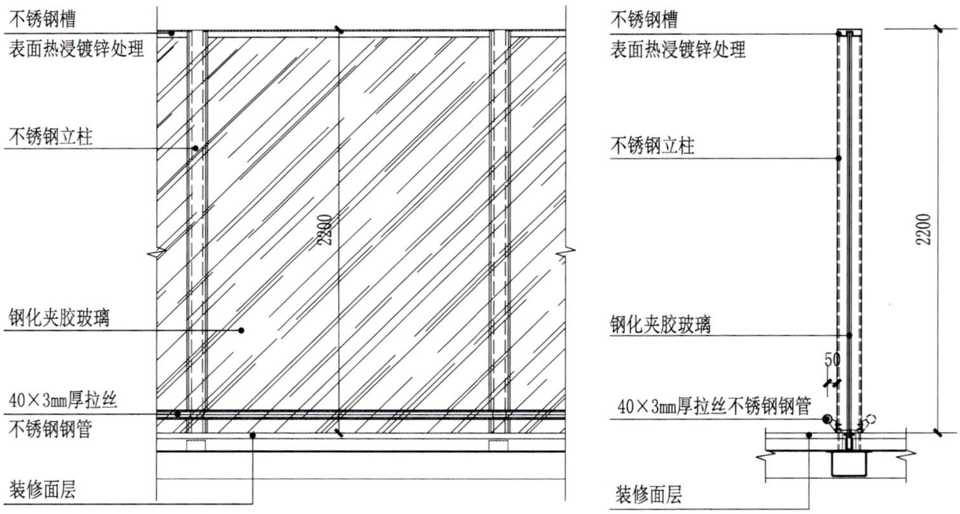

图 9.4-7 2.2m 高玻璃隔断

三、实例

实例 9-1　垂直电梯明框玻璃幕墙

实例 9-2　扶梯与墙体相临

实例 9-3　扶梯间端部护栏封堵

实例 9-4　不锈钢梯身装饰

实例 9-5　踏步石材拼接做法（中间长两端短）

实例 9-6　楼扶梯并行

实例 9-7　1.1m 高玻璃栏板

实例 9-8　扶手端部处理方式

实例 9-9　扶手接头处理方式

实例 9-10　装饰栏板

实例 9-11　踢脚栏杆

第十章

站台、雨棚

一、设计要点

1　站台挡墙及站台墙

1.1 站房范围内基本站台外侧挡墙应采用直立式挡墙，并与结构柱、外挂楼扶梯基础等结合布置。站房范围内垂直挡墙外表面可采用外墙干挂板材或真石漆进行装饰，表面应平整、美观。

1.2 站台混凝土垫层及钢筋网片应延伸至站台墙上，站台帽石与站台墙边缘相接处宜设细石混凝土冲劲带，绑扎 ϕ8mm@200mm 的通长钢筋，并与站台垫层钢筋网片连接。

1.3 站台墙结构顶标高应按预留不小于 160mm 的装修厚度确定。

2　站台铺面

2.1 站台边缘至安全线的距离为 1000mm，安全线的宽度为 100mm，提示盲道（点状）的宽度为 600mm；站台帽石应采用红色花岗岩石材，厚度不应小于 50mm，铺面的机刨缝应平行于轨道；安全线应采用耐磨、防渗漏、抗污染、防滑的白色防滑玻化砖，厚度不应小于 15mm；盲道砖应采用黄色通体砖，厚度不应小于 20mm（不计凸点高度），凸点表面应进行防滑处理。

2.2 站台铺面板应采用花岗岩石材，铺面板尺寸应根据站台的宽度、柱网尺寸、帽石、安全线、盲道等综合排定，块材尺寸顺轨方向不宜小于 600mm，垂轨方向不宜小于 900mm，且不应小于 600mm，基本站台铺面板厚度不应小于 50mm，其他站台铺面板厚度不应小于 30mm。站台铺面石材应综合考虑站台宽度、各类构筑物位置匀称铺设，交接处收口应规整。

2.3 站台铺面宜结合车站所在地气候条件选用光面抽槽石材或火烧水洗面石材，多雨雪地区宜采用火烧水洗面石材，封闭式站台可采用光面石材。

2.4 站台帽石应与站台安全线、盲道砖及其他铺装材料对缝铺装；有站台柱雨棚石材铺面所设伸缩缝应按雨棚柱纵向居中设置。站台帽石表面应雕刻“小心站台间隙”等安全警示标识，具体位置根据客运部门要求确定。

2.5 曲线站台面铺贴，应在保证帽石、安全线、盲道砖规格完整的基础上，通过调整砖缝宽度达到边缘不出现错台。

2.6 站台井盖宜与站台铺面材质一致，井盖应装有拉环，且应刻字注明类型，井盖大小应与周围铺面协调，不应出现错缝；井盖不应设置在站台帽石、安全线、盲道范围内。

2.7 站台消火栓宜按地埋式设计，确需设置在站台面以上时，应结合站台相关设施设置，且不应影响旅客通行。

2.8 桥式站台铺面变形缝应结合结构变形

缝布置，变形缝盖板宜采用铝合金防滑面板。

2.9 站台铺面横向坡度不应大于1%，站房与基本站台相接时，应由站房坡向站台，门内外高差不应大于15mm，并应以斜面过渡。当基本站台侧的轨道有纵坡、站房与站台接口处出现倒坡的情况时，连接处附近应设截水沟等排水设施；中间站台宜由站台中间坡向站台两侧。

3 站台雨棚立柱

3.1 站台雨棚立柱应选用耐候性好的面漆，涂层应均匀、平整、光滑。

3.2 站台雨棚柱采用钢结构时，钢柱柱脚可采用钢板防腐柱脚或混凝土防腐柱脚，柱脚加劲肋不应凸出站台铺面以上。采用钢板防腐柱脚时，钢板应除锈并进行防腐涂装，涂装要求应与雨棚钢柱一致。采用混凝土防腐柱脚时，可采用石材、亚光不锈钢等装饰。

3.3 站台雨棚柱、梁、屋面板交接处节点设计应美观。

4 站台雨棚屋面及檐口

4.1 站台雨棚结构形式可采用钢结构、混凝土结构、压型钢板与混凝土组合屋盖等。

4.2 站台雨棚结构在满足安全的情况下宜采用较大的分缝单元。变形缝宜设置于雨棚跨中，两侧结构梁应对挑。站房主要出入口处及楼扶梯出入口附近区域不应设缝。

4.3 站台雨棚屋面采用金属屋面时，宜选用铝镁锰金属屋面系统。

4.4 大型及以上客站雨棚采用钢结构线间立柱雨棚时，不宜采用离缝吊顶，雨棚檐口、吊顶与站房主体颜色应协调。龙骨及配件采用钢材时，应进行热浸镀锌处理。雨棚檐口、吊顶系统应进行抗风计算或试验，吊顶板、封檐板、龙骨的强度和变形等均应满足现行规范的要求，吊顶板与龙骨、封檐板与龙骨、龙骨与龙骨、龙骨与主体结构之间的连接应安全可靠。封檐板应根据受力要求设置加强肋，加强肋应与面板可靠连接。

4.5 站台雨棚屋面防水等级宜按不低于II级设计，当采用混凝土屋面时，防水保护层宜采用细石混凝土保护层或水泥砂浆保护层。

4.6 站台雨棚屋面不同标高交接处应采取防飘雨、防飘雪措施。

4.7 站台雨棚的避雷带宜设于雨棚上翻檐口内侧，宜与防坠落措施合设，避雷带设置应整齐、美观，并满足防雷接地及其他相关构造要求。

4.8 站台雨棚变形缝应设置伸缩盖板或一端固定盖板，盖板与主体结构应连接牢固，颜色应与雨棚涂装颜色协调。

4.9 站台雨棚檐口处应设滴水线。混凝土结构站台雨棚檐口滴水线设置应与结构一体设计。

4.10 采用线间立柱雨棚时，接触网上方不得设有滴水、溢水的构造和管道接口。

4.11 雨棚屋面与主体外墙结合部应结合装饰效果设计，有站台柱钢结构雨棚檐口宜采用方形边梁封边，不宜采用铝板封边装饰。

4.12 站房与基本站台之间连廊雨棚覆盖区域应采取防飘雨、防飘雪措施，雨棚长度宜按出入口两侧各延伸一跨设置。连廊雨棚对站房采光有影响时，可采取增设玻璃采光顶等措施。

4.13 基本站台与站房之间进站连廊、栈桥结构应与站房一体化设计。连廊结构临站房侧不宜单独立柱，应结合站房背立面实体部分设置。

5 站台雨棚管线及设备

5.1 站台雨棚上的广播、监控、标识、灯具等末端设备应与雨棚屋面进行整体设计；线槽应横平竖直，灯具排列应整齐有序。

5.2 采用混凝土站台立柱雨棚时，雨棚照明、客服等管线应结合灯具、客服设备安装位置采用预埋方式；采用钢结构或压型钢板与混凝土组合屋盖形式雨棚时，管线应采用暗敷或顺压型钢板凹槽内隐藏布置，主管线应对应设备末端，避免明露支管。

5.3 站台雨棚末端设备应与雨棚主体结构连接可靠，并应对结构安全进行验算。

5.4 站台雨棚动、静态标识管线应隐蔽设置，悬挂固定件宜与雨棚涂装颜色相协调。

5.5 站台雨棚变形缝处管线应采取防变形措施。

5.6 站台雨棚屋面排水系统应根据站台雨棚的规模、形式确定。雨棚屋面板下部不宜设置横向雨水管。雨水管宜采用内涂塑外镀锌钢管，其外表面色彩应与雨棚系统相协调。严寒、寒冷地区应在接口部位采取防冻措施，且管径宜比计算值加大一级，不宜采用虹吸排水。

5.7 雨水管应结合车站所在地域气候条件和立柱形式统一设计，夏热冬冷地区、夏热冬暖地区、气候温和地区，高度不大于7m的钢筋混凝土及钢管混凝土站台立柱雨棚雨水管宜采用暗埋方式；其他地区雨水管不宜采用暗埋方式。雨水管弯头连接处水流偏转角不宜大于60°，雨水管暗埋时，管径宜比计算值加大一级。钢管结构柱空腔内不应设置雨水管。

5.8 站台雨棚雨水管需外设时，宜结合雨棚立柱的结构形式采用嵌入式等安装方式。雨水管固定管卡应牢固简洁，雨水管下端固定管卡应设置在站台面

1.8m 以上。雨水斗应设置在结构板以内，不得外露。

6 其他

6.1 站台应采用刚性防滑地面，有通行行包、邮政、消防车需求时，应满足相应承载能力要求。

6.2 基本站台有效宽度范围内除站台雨棚、管沟检查井外，不宜设置花坛等建（构）筑物。

6.3 站台各类管线、管沟应统筹规划，其位置应与站台墙、雨棚柱基础相协调。检查井宜均匀布设，不应设在主要通道部位，严禁设置在盲道及安全线上。

6.4 中间站台应在站台两端或天桥楼扶梯底部隔间内设置保洁作业用给水设施，严寒及寒冷地区应采取防冻措施。

6.5 站台雨棚长度宜与站台长度一致，雨棚形式及高度应满足防飘雨、飘雪要求。线间立柱雨棚屋面的开口宽度与檐口高度应根据防飘雨、飘雪要求确定，开口宽度不宜大于 2m。

6.6 站台立柱雨棚在天桥下部宜保持贯通。

6.7 当站台设置站台门时，站台门门体距站台边缘距离应结合列车型号、运行模式、限界要求、运行速度、信号系统联控方式以及旅客安全等因素确定。站台门应满足正常运营时旅客方便上下车、故障或灾害时旅客安全疏散的要求。

6.8 建（构）筑物跨越线路上方时，底部不应设置吊顶等装饰性构件。

二、参考图

1 站台

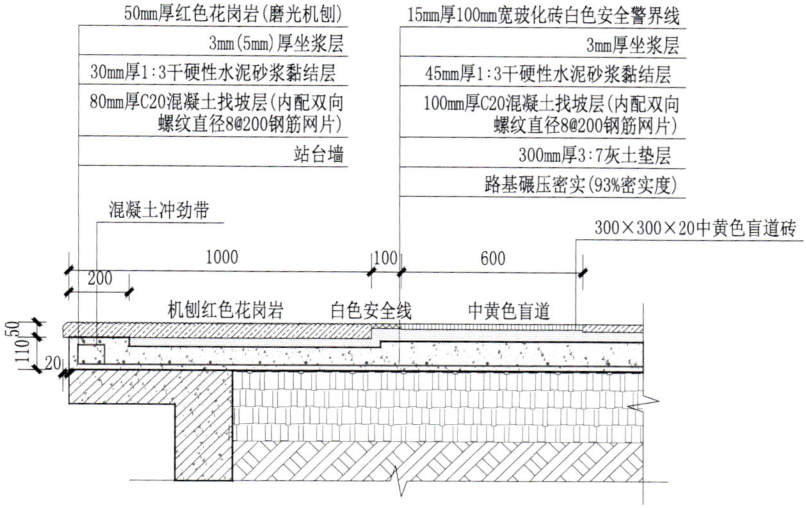

图 10.1-1　站台帽石混凝土冲劲带节点

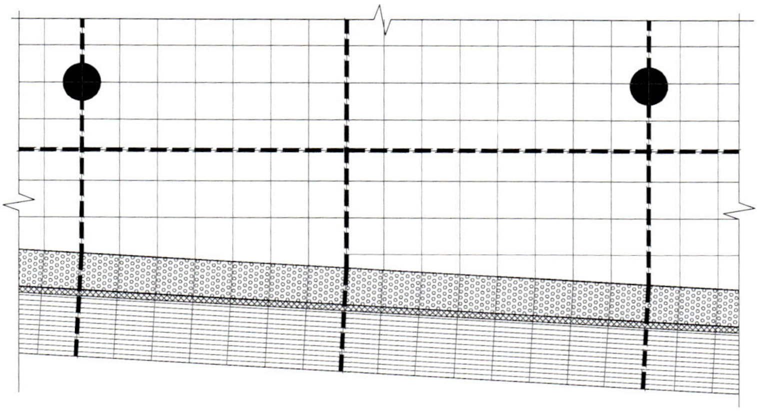

图 10.1-2　曲线段站台应采用扇形铺贴

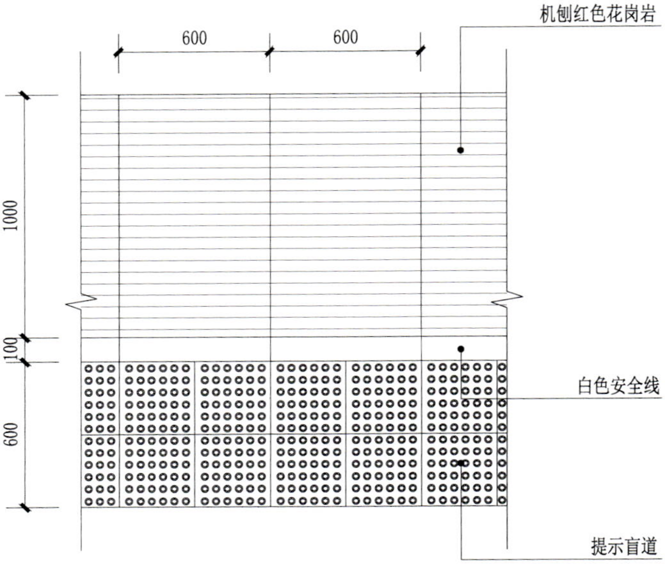

a）站台边帽石、安全线、提示盲道平面图

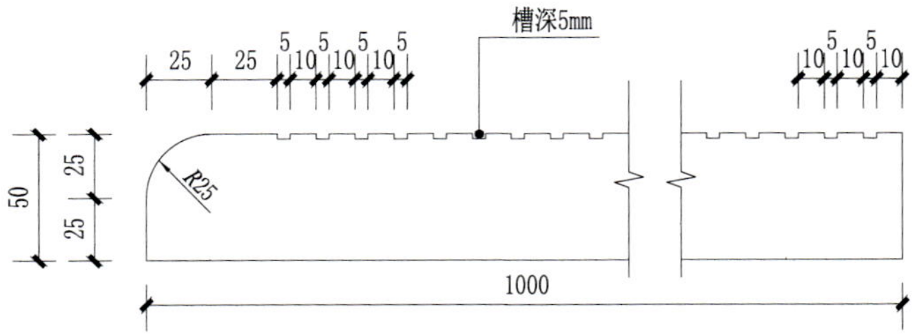

b）站台外侧帽石剖面图

图 10.1-3　站台帽石、安全线、提示盲道

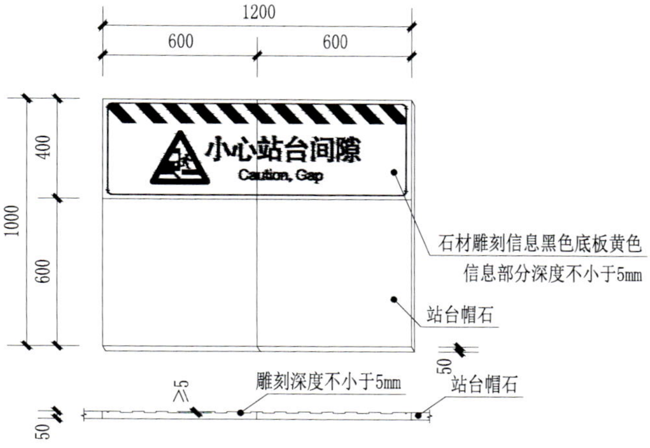

a）小心站台间隙标识

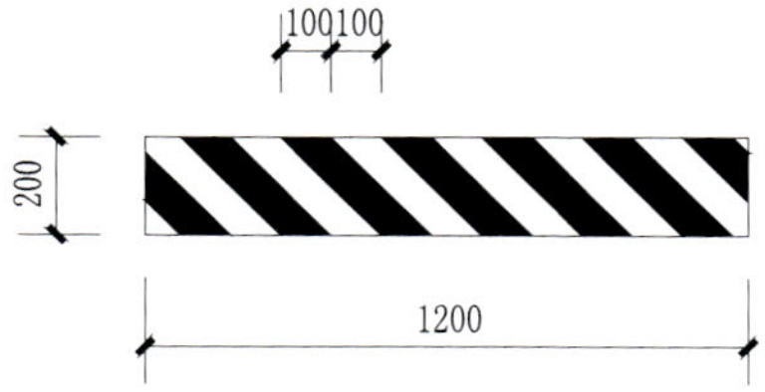

单位：毫米
黄色色值：C0 M0 Y100 K0
黑色色值：C0 M0 Y0 K100

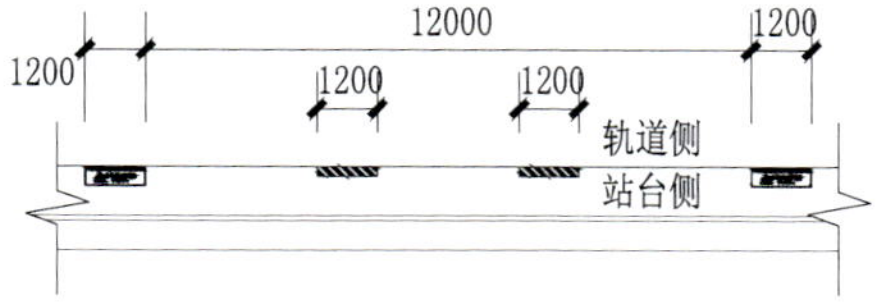

b）安全警示标识

图 10.1-4 站台帽石安全警示标识

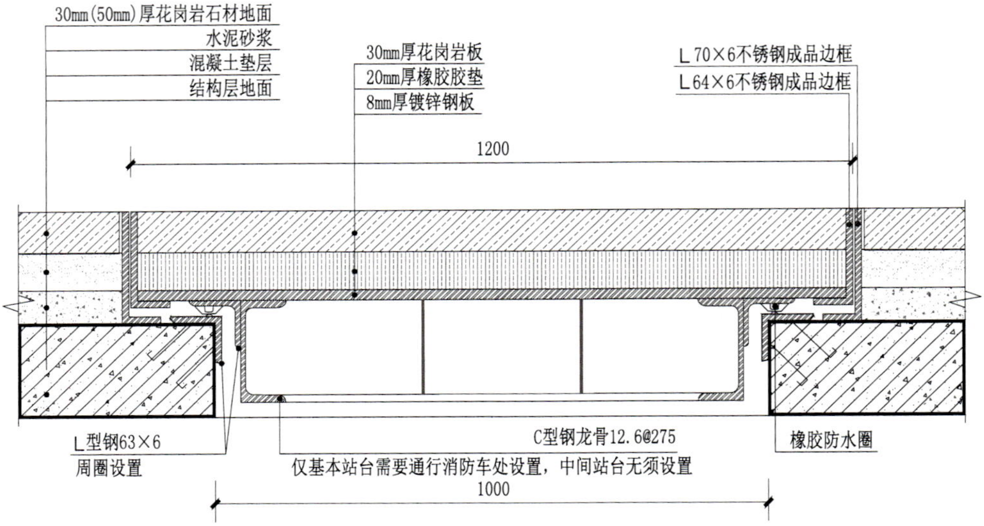

a)

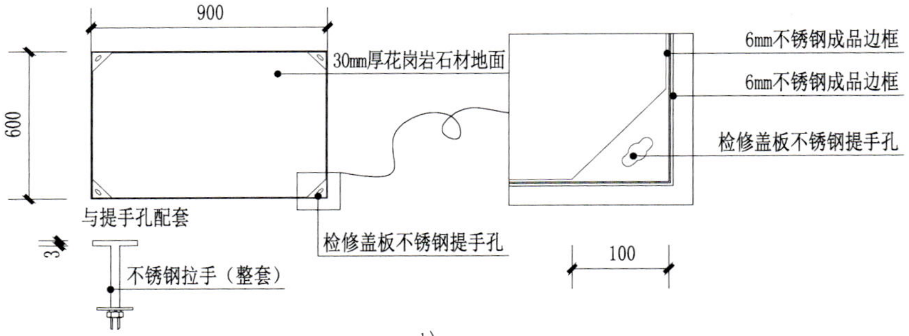

b)

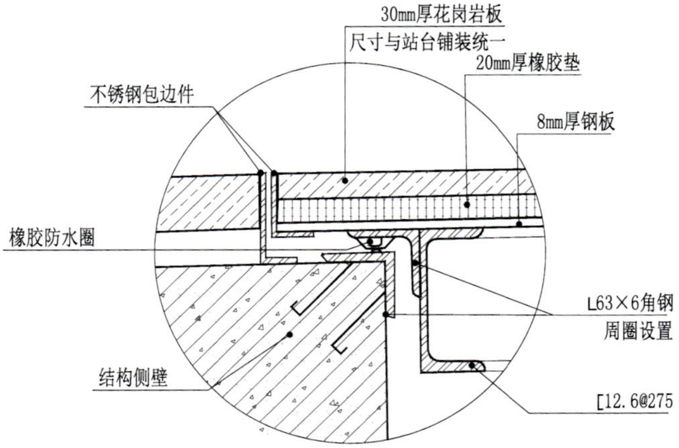

c)

图 10.1-5　站台检修井盖

2 站台消火栓

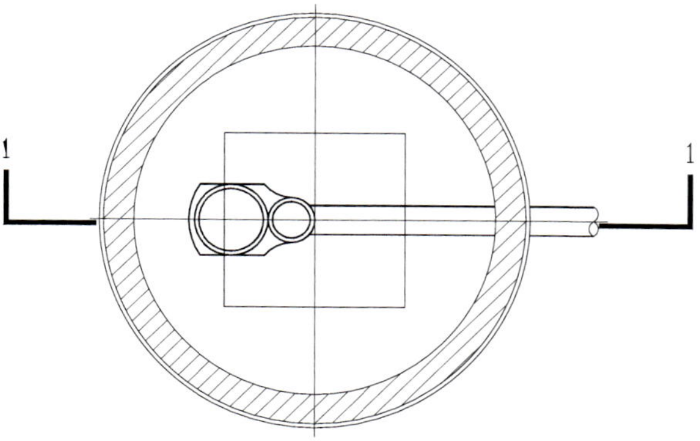

图 10.2-1　地埋式站台消火栓平面图

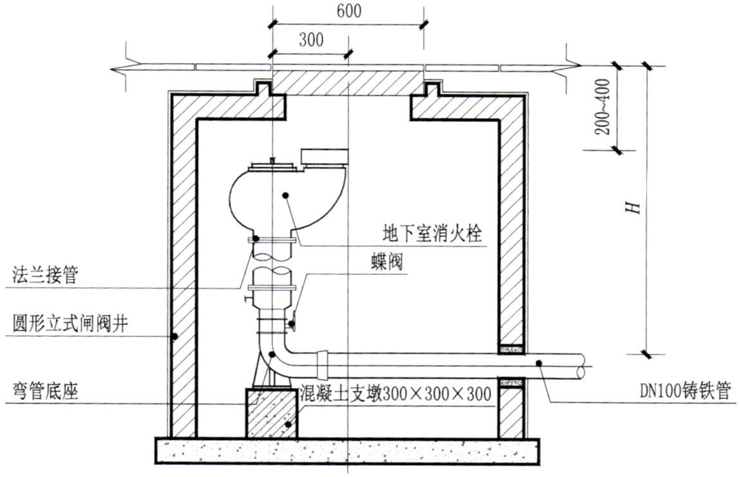

注：

1. 消火栓采用 SA100-1.0 型或 SA100-1.6 型地下式消火栓。该消火栓有一个 DN65 的出水口。
2. 管道和管件等防腐作法由设计人确定。
3. 根据支管埋深的不同，可选用不同长度的法兰接管，管道覆土深度 H 可以从 1250mm 逐挡加高到 3000mm，每挡为 250mm。

图 10.2-2　地埋式站台消火栓 1-1 剖面图

3　进站连廊

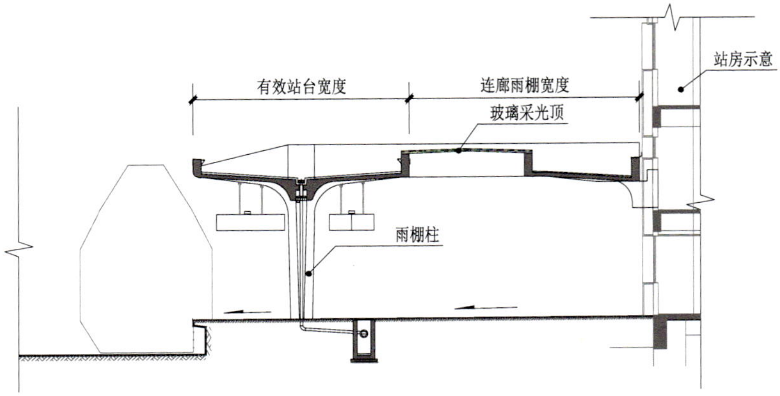

图 10.3-1　线侧平式进站连廊

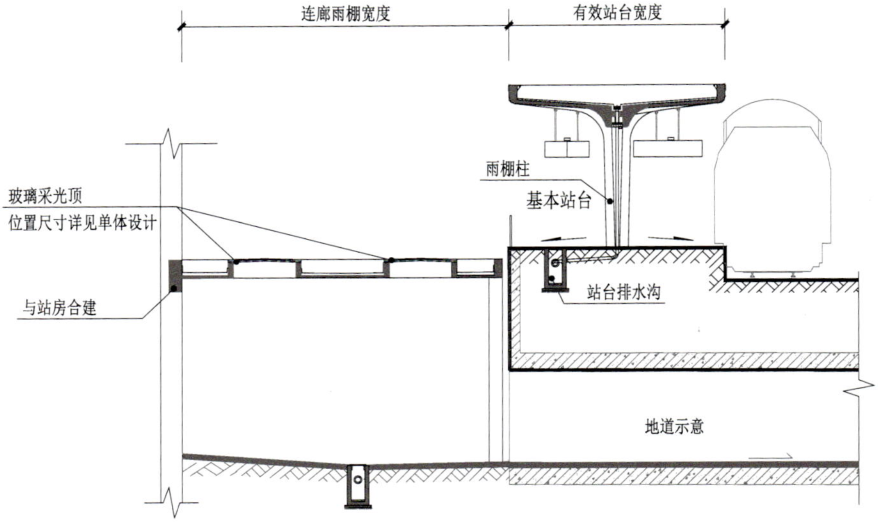

图 10.3-2　线侧下式进站连廊

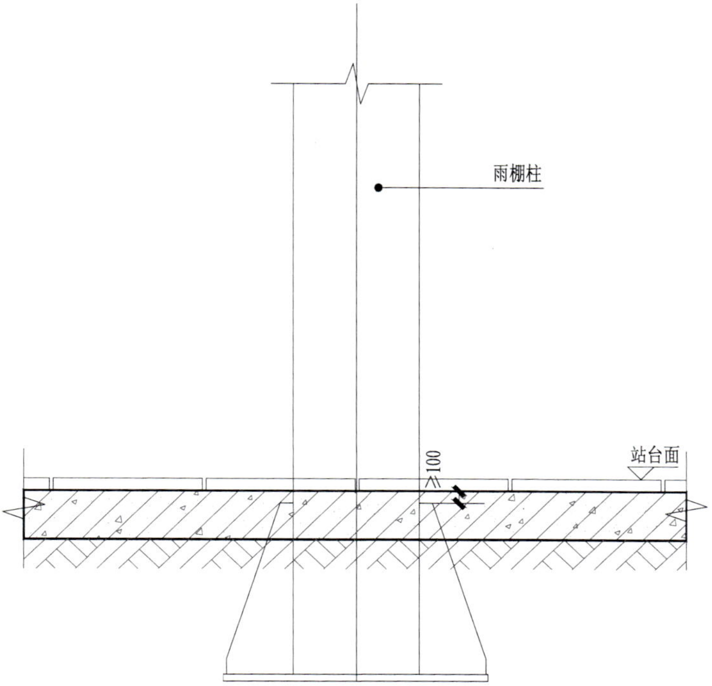

图 10.4-1　钢结构柱脚加劲肋埋地

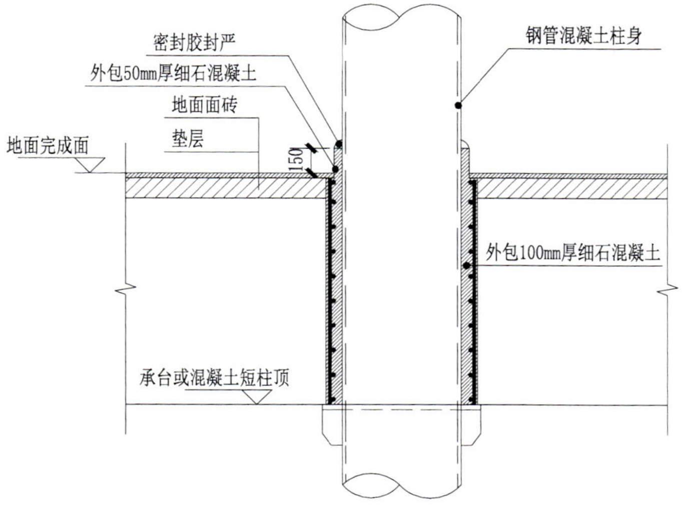

图 10.4-2　雨棚柱柱脚混凝土防护防腐节点

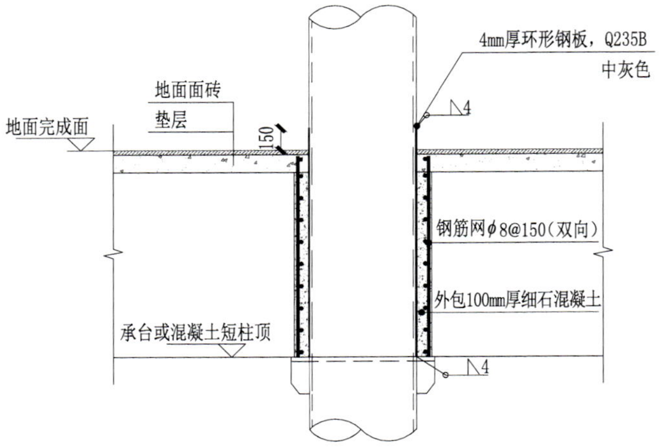

图 10.4-3　雨棚柱柱脚钢板防护防腐节点

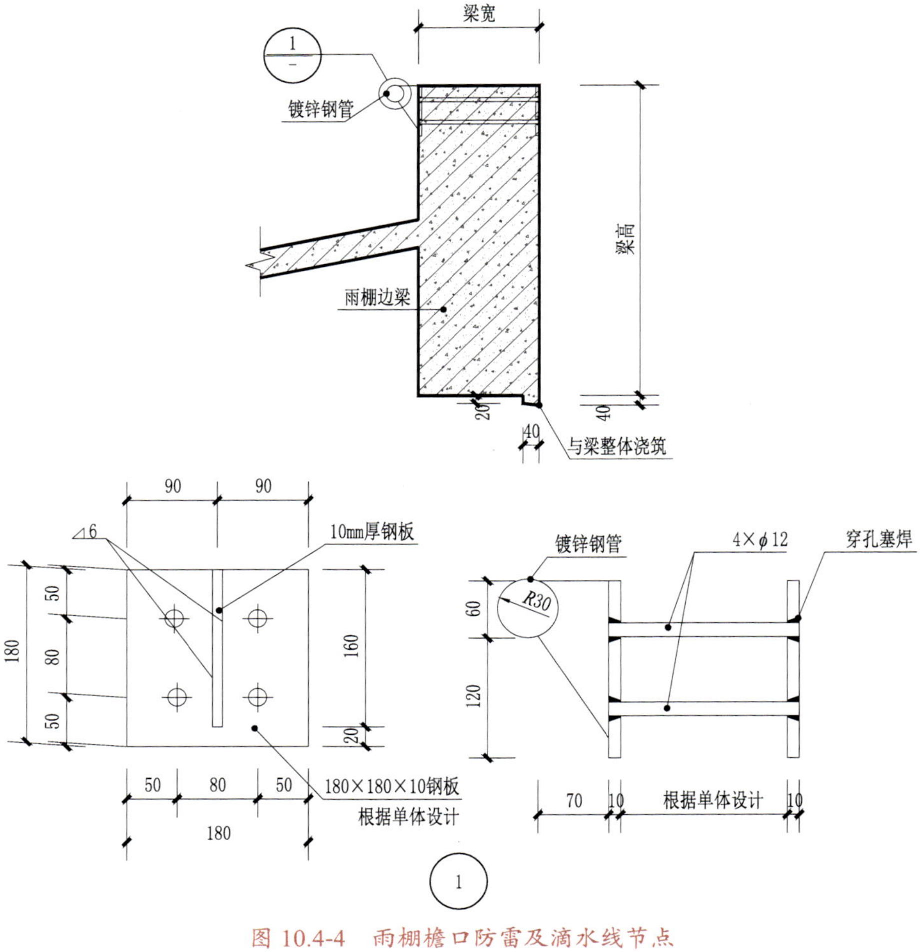

图 10.4-4　雨棚檐口防雷及滴水线节点

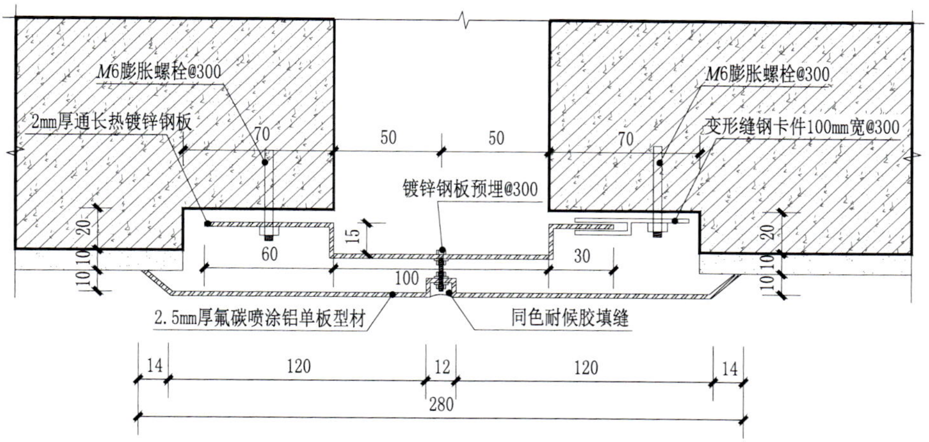

图 10.4-5　雨棚变形缝

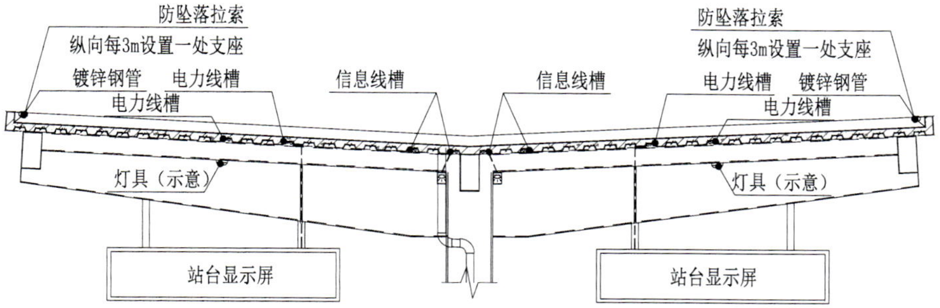

图 10.4-6　钢与混凝土组合屋盖站台雨棚管线

三、实例

实例 10-1　站台铺面（一）

实例 10-2　站台铺面（二）

实例 10-3　弧形站台铺面

实例 10-4　站台面检修井盖

实例 10-5　站台面警示标识石材雕刻

a）

b）

c）

d）

实例 10-6　雨棚柱脚

实例 10-7　混凝土屋面变形缝

实例 10-8　檐口滴水

实例 10-9　有站台柱钢结构雨棚檐口

实例 10-10　雨棚采光顶

实例 10-11　管线结合屋面板布置

a)

b)

实例 10-12　站台雨棚管线暗敷及隐藏设置（一）

实例 10-13　站台雨棚管线暗敷及隐藏设置（二）

实例 10-14　站台雨棚管线暗敷及隐藏设置（三）

a)

b)

实例 10-15　站台雨棚管线暗敷及隐藏设置（四）

实例 10-16　站台雨棚管线暗敷及隐藏设置（五）

实例 10-17　站台吊顶及照明

第十一章

天桥与旅客地道

一、设计要点

1 天桥

1.1 天桥梯段范围内净高不应小于 3.0m。

1.2 天桥、高架候车室底部装饰面距站台面的高度不宜小于 6.0m，并应满足限界要求。

1.3 天桥桥面净高应与宽度协调。

1.4 天桥通道内部采用离缝吊顶时，条板方向宜与人流方向垂直。

1.5 天桥通道内部设吊顶时，管线应暗藏于吊顶内敷设，并宜贴近两侧围护结构；不设吊顶时，应注意管线敷设的美观，可利用百叶上部空间敷设管线，并满足检修需求。

1.6 天桥采用金属屋面时，宜选用铝镁锰金属板屋面；天桥下行楼、扶梯上方金属屋面不宜设置人字坡，旅客可视面应平整、美观。

1.7 天桥和站房交接处楼面应设盖板型变形缝，屋面应设泛水并做好防水处理，站房门的开启不应跨越变形缝。

1.8 天桥楼、扶梯下部空间宜设置工作间、保洁用房，其围护结构应满足消防、节能要求。保洁用房应配置水、电等设施。

1.9 天桥结构外露部分应选用具金属质感的涂层，涂装均匀、美观。

2 天桥立柱

2.1 采用线间立柱雨棚时，天桥立柱宜采用线间立柱，且截面形式宜与雨棚柱一致；采用站台立柱雨棚时，天桥立柱应设置在站台上并宜与雨棚共柱设置。

2.2 天桥楼梯与桥身宜共柱设计，交接处应设盖板型变形缝。

2.3 天桥楼梯与自动扶梯、电梯组合设计时，不宜设置支撑柱；必需设置时，支撑柱不得影响站台和电梯内部的视线和观感。

3 天桥侧围护结构

3.1 采用站台立柱雨棚时，天桥及雨棚屋面上方楼梯两侧应采用封闭式围护结构。天桥围护结构应设置在钢桁架内侧，采用三段式时，围护结构每段高度可根据天桥净高合理确定，宜符合下列要求：

3.1.1 下部内侧为高 1100mm、厚 3mm 铝板，外侧为高 1100mm、厚 3mm 铝板或镀锌钢板。

3.1.2 中部为钢化夹胶玻璃固定窗，玻璃宽度不应大于 1600mm，高度不应低于 1900mm。

3.1.3 上部为高 600mm~800mm、厚 2.5mm 铝合金百叶或钢制百叶。

3.2 采用线间立柱雨棚时，天桥及楼梯上部平台两侧可采用高 2200mm 钢化夹胶玻璃栏板。梯身两侧栏板形式宜与站房室内楼梯一致。

3.3 天桥及楼梯两侧玻璃应选用钢化夹胶玻璃，宜采用超白玻璃原片，安装应安全可靠。采用框式安装且应具备从内侧维修及更换玻璃的条件。

3.4 栏板立柱与结构应连接牢固并满足结构设计受力要求；栏板扶手的截面尺寸应适中，可采用外径 50mm 的亚光不锈钢管，扶手高度应为 1100mm。扶手、栏杆及框边应进行圆弧处理。

4 旅客地道出入口

4.1 旅客出站地道宜正对站房的出站口；旅客进出站合用地道时，地道位置应按照进站优先原则确定。旅客地道出入口设于挡墙上时，宜设门套装饰。

4.2 旅客地道站台出入口的地面应高出站台面 20mm 并采用缓坡与站台面相接，楼梯与站台面衔接处平段长度不应小于 600mm。

4.3 旅客地道站台出入口应设不锈钢装配式全框钢化夹胶玻璃栏板，且转角处应只设一根立柱；扶手应采用外径为 50mm 的亚光不锈钢管或根据装修风格确定，栏板宜在雨棚柱内侧贯通。

4.4 台风地区车站采用站台立柱雨棚时，岛式站台地道出入口可设高 2200mm 框式玻璃栏板，或采用结构形式轻巧的玻璃幕墙封闭。栏板设置要求应符合第九章的相关规定。侧式站台地道出入口临站台外侧布置时，应设通高幕墙进行侧封。

4.5 旅客地道内应采用坡道形式过渡高差，并设防滑措施，坡度不宜大于 1∶10。

4.6 旅客地道站台出入口侧壁土建结构标高应预留站台面铺装高度。其中，基本站台宜预留不小于 80mm 铺装高度，中间站台宜预留不小于 60mm 铺装高度。

5 旅客地道墙面与地面

5.1 旅客地道内地面采用花岗岩铺面时，分格应规整、均匀，且应与墙面分缝对齐。

5.2 旅客地道两侧应设置通长排水沟，排水沟应设石材盖板，宜每隔 6m 或每 10 块石材设一块镂空盖板，镂空盖板设双排 ϕ10mm 圆孔。排水沟应设置集水井，集水井内应设置自动排水装置。

5.3 旅客地道墙面宜采用干挂石材；行包地道墙面可采用涂料处理，兼作旅客地道时，宜采用干挂石材。

5.4 旅客地道洞身墙面与出入口相接位置宜采取圆角或斜切面处理等防撞措施。

5.5 旅客地道干挂装饰面层及吊顶龙骨在变形缝处应断开。

5.6 旅客地道墙面设置电器开关柜时，应结合装修隐蔽处理，不应突出装饰面。

6 旅客地道吊顶与照明

6.1 潮湿地区封闭式旅客地道洞身宜设吊顶，且应保证地道的净高。采用离缝吊顶时，条板方向宜与人流方向垂直；其他区域地道洞身宜设局部吊顶，局部吊顶宽度应同地道宽度匹配。不设吊顶时，应选用聚合物砂浆抹灰处理。

6.2 旅客地道楼扶梯出入口宜设吊顶，吊顶材料应满足防潮、抗风等要求。

6.3 旅客地道净宽为 8.0m 时，净高不宜小于 3.0m；旅客地道净宽为 12.0m 时，净高不宜小于 4.0m。地道楼梯梯段净高不宜小于 3.0m。

6.4 旅客地道顶部变形缝、施工缝处应设通长导水槽，宽度宜为 250mm ~ 300mm，地道内无吊顶时，宜选用与灯槽颜色一致的浅色金属板材对导水槽进行装饰处理。

6.5 旅客地道照明可采用顶棚两侧设灯槽光带方式，灯槽光带应贯通，并与人流方向平行；亦可采用天棚两侧设嵌入筒灯或直射式光带照明方式，并应满足地道内照度要求，且不宜出现灯带暗点；当地道较宽时，可在地道顶棚两侧设光带，中间设吸顶灯，并需满足地道内照度要求，且不宜出现灯带暗点。

6.6 广告灯箱宜与墙面平齐安装，突出墙面时宜小于 20mm，且接线不得外露，有特殊需求的灯箱应单独设计。

7 天桥、旅客地道系统布线

7.1 天桥、旅客地道内管线敷设均应暗敷。

7.2 线缆经地道跨线时，可通过地道局部吊顶内桥架敷设，经雨棚柱引上钢管至雨棚分线盒或分线箱。

7.3 线缆经天桥跨线时，有吊顶的天桥，可通过天桥吊顶内桥架敷设；无吊顶的天桥，可通过侧围护结构上部预留管线槽道敷设。

7.4 线缆宜采用仿雨水管引至雨棚分线盒或分线箱。仿雨水管与雨水管管径应一致，数量及位置应满足专业需求，且不宜同柱敷设。

7.5 线侧下式站房线缆敷设时，站房与地道口应预留管沟，线缆可经预留管沟、引上钢管至地道桥架内，管沟转弯处应预留手孔，便于检修。

二、参考图

1 天桥

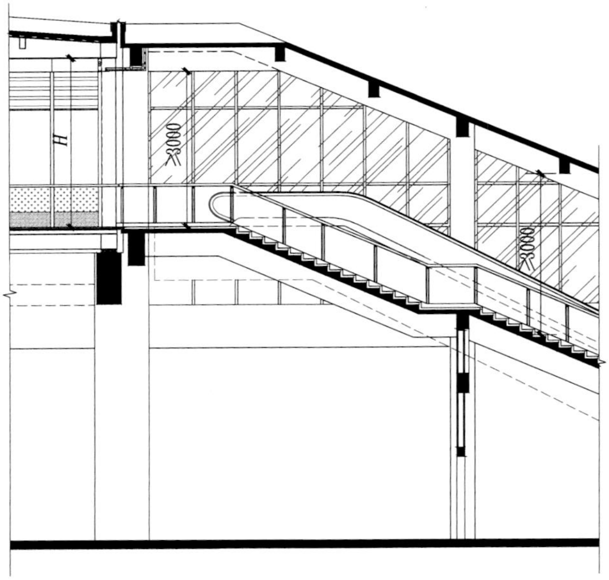

注：H 为天桥上部净空高度。

图 11.1-1 天桥净高控制

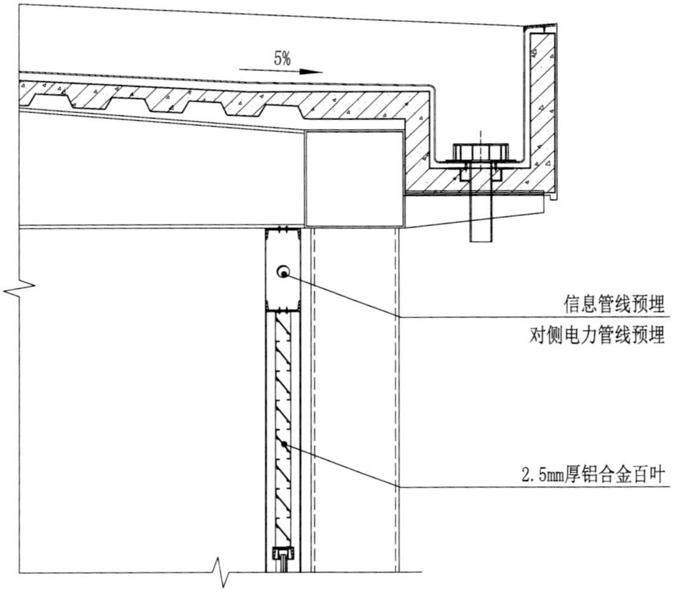

图 11.1-2 天桥无吊顶时管线敷设

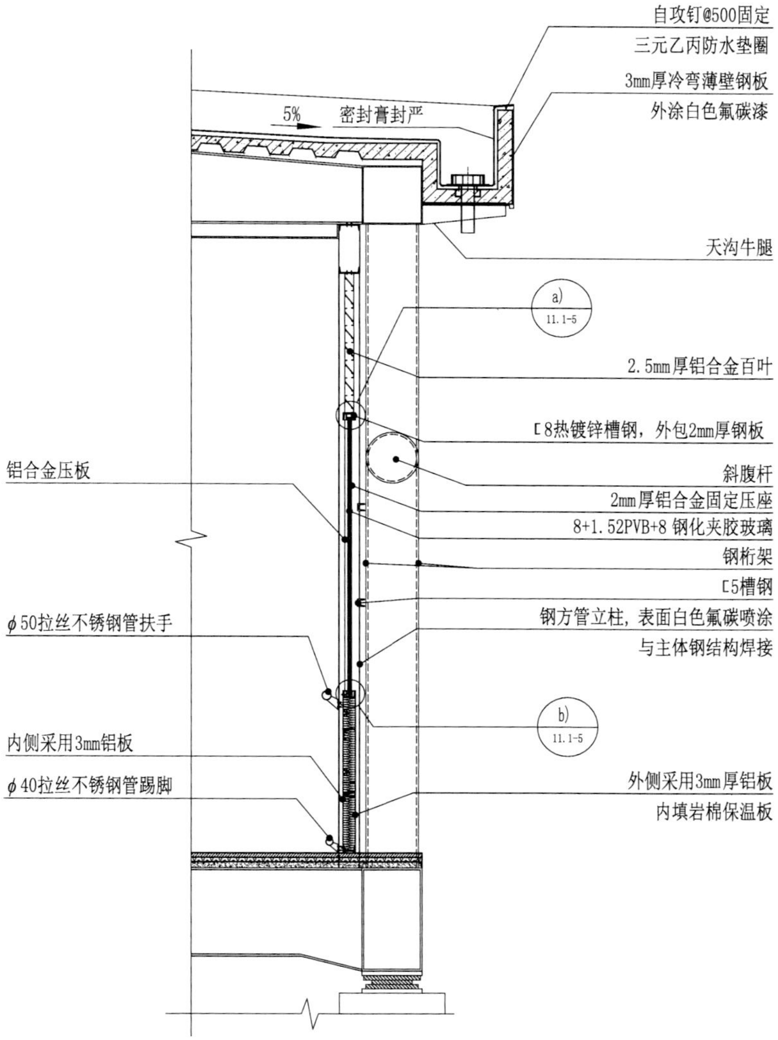

图 11.1-3　进站天桥玻璃幕墙侧封剖面图

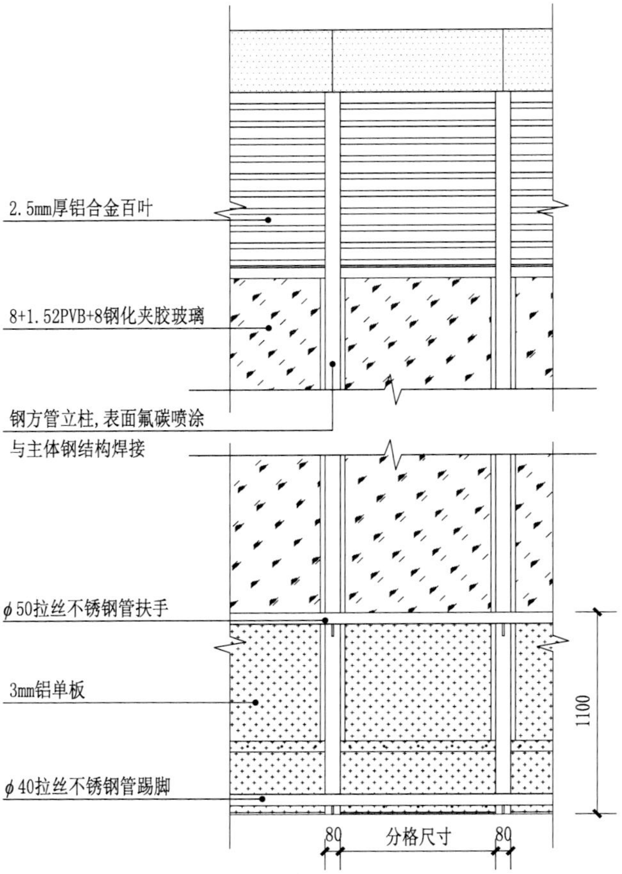

图 11.1-4　进站天桥玻璃幕墙侧封立面图

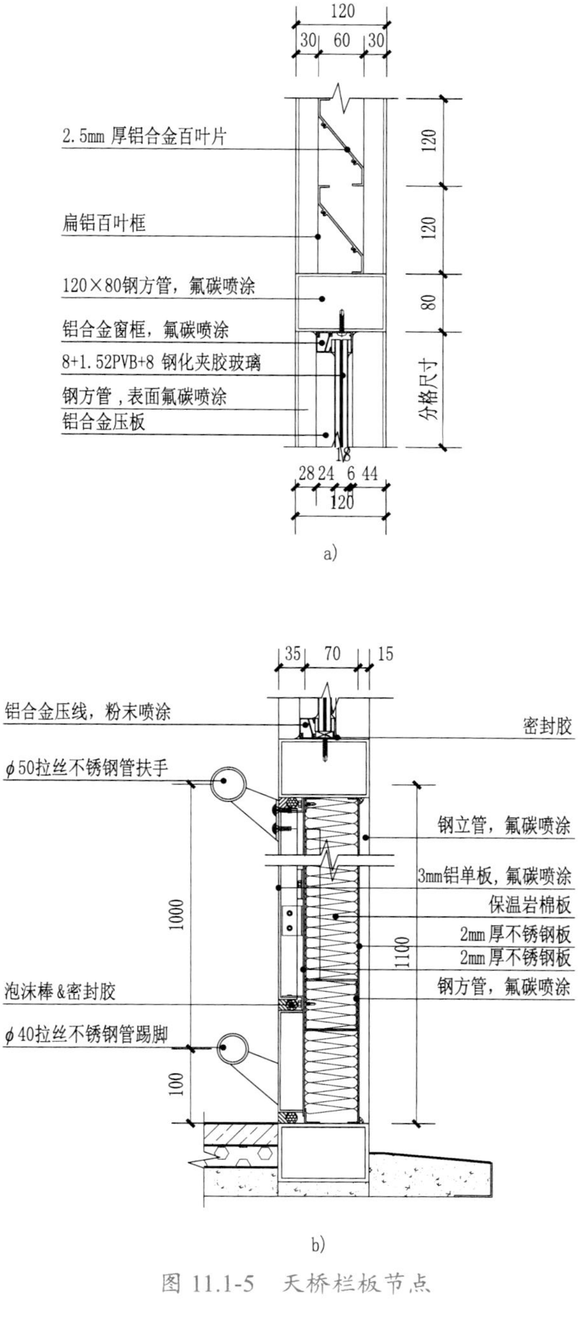

图 11.1-5　天桥栏板节点

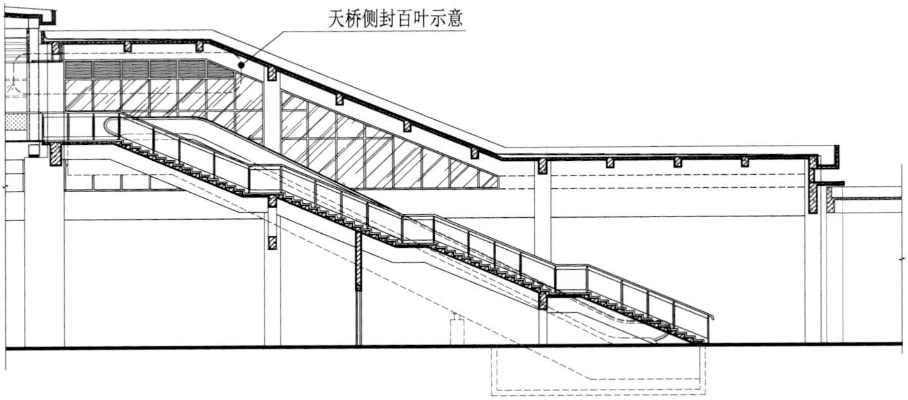

a)

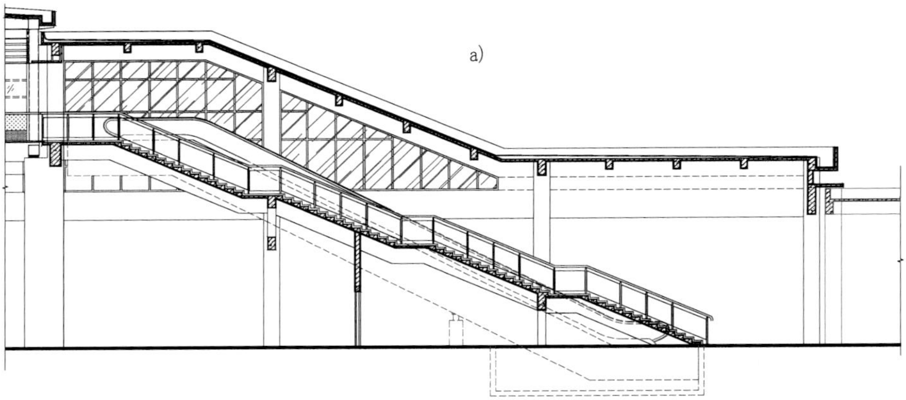

b)

注：原则上不设开启扇或通风百叶，除有特殊通风要求，可在楼梯水平段增加通风百叶。

图 11.1-6　天桥楼扶梯侧封

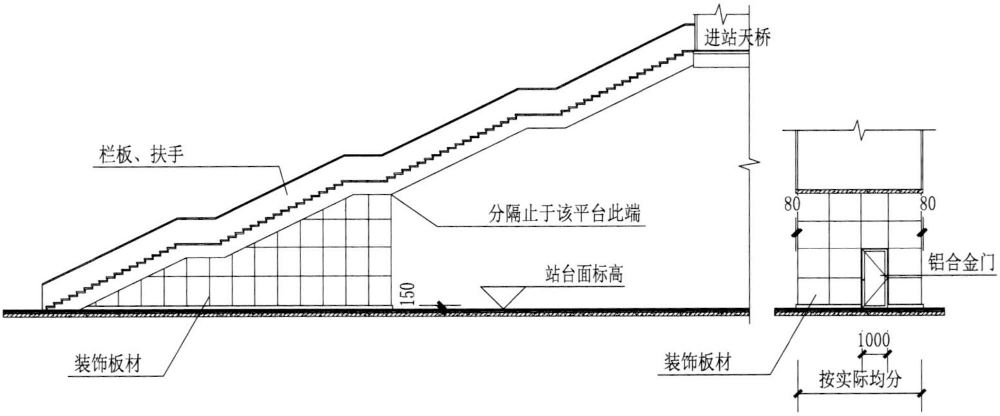

图 11.1-7　天桥楼扶梯下部隔间

2 地道

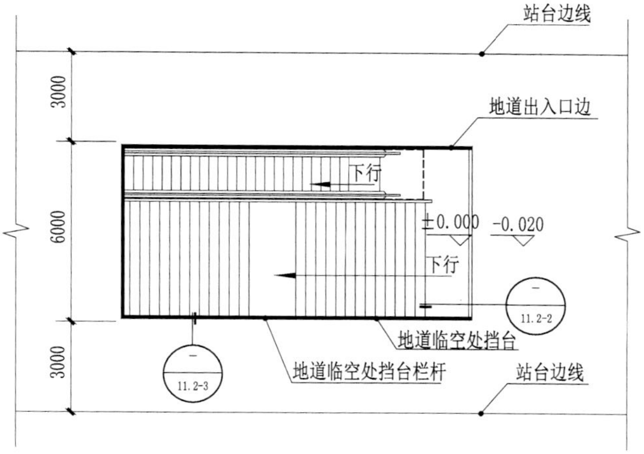

图 11.2-1 旅客地道出入口平面图

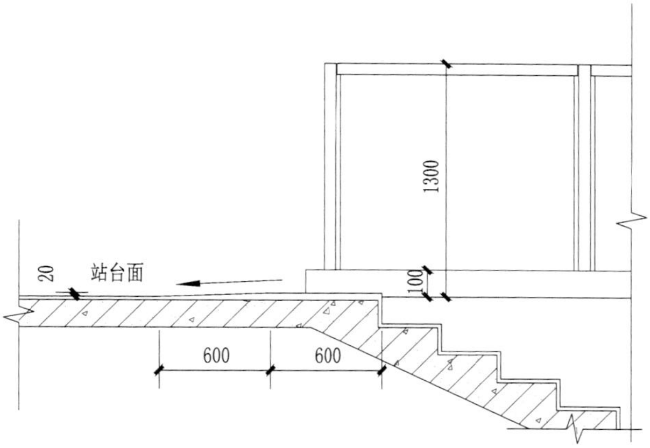

图 11.2-2 站台地道口与地面设缓坡衔接

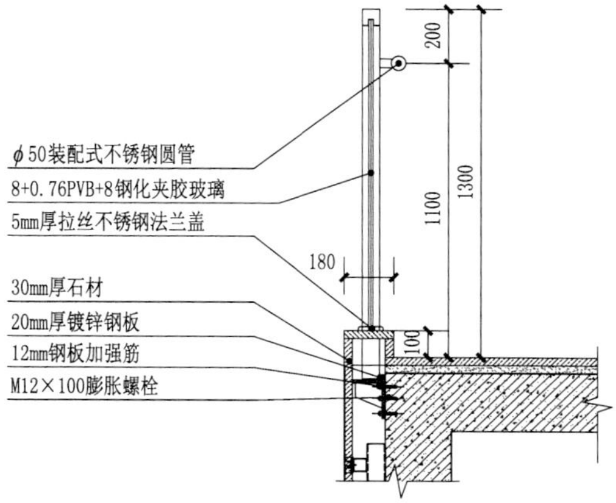

图 11.2-3 地道出入口安全挡台做法

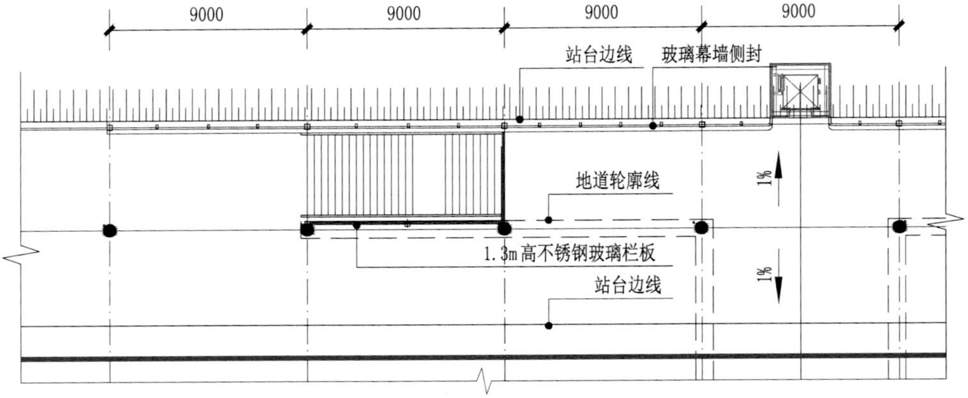

a)

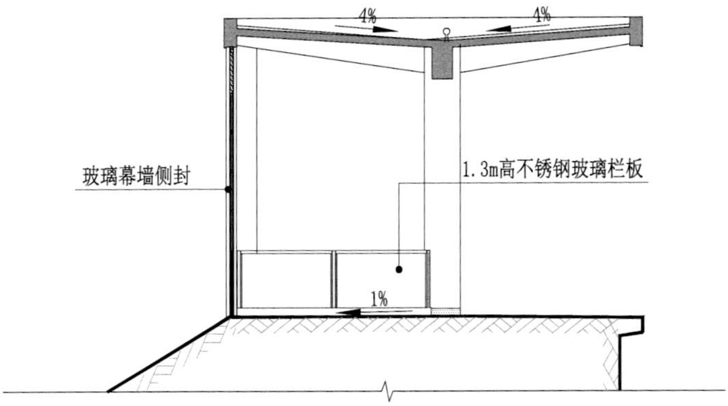

b)

图 11.2-4　侧式站台地道出入口防飘雨侧封（一）

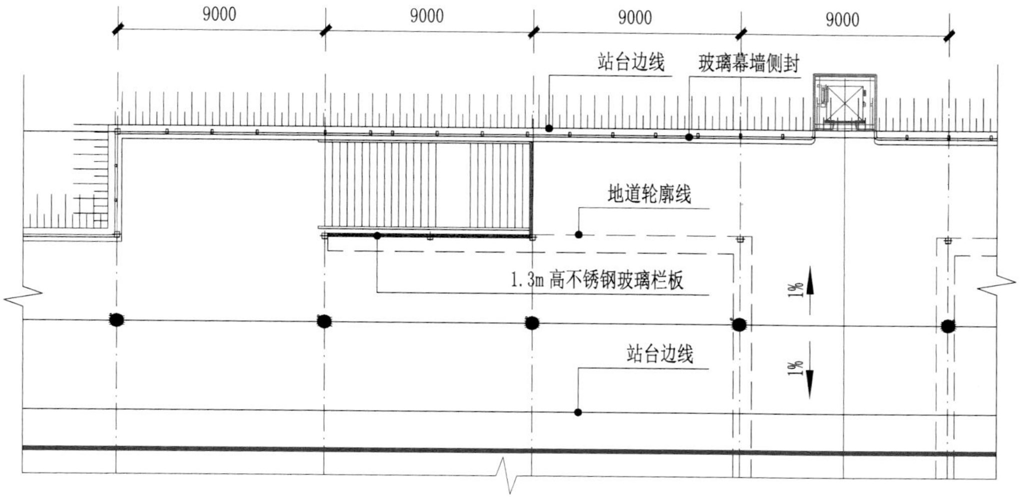

a)

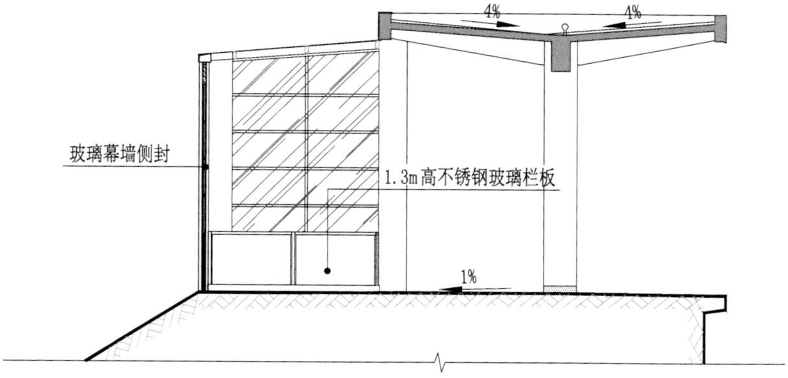

b)

图 11.2-5 侧式站台地道出入口防飘雨侧封（二）

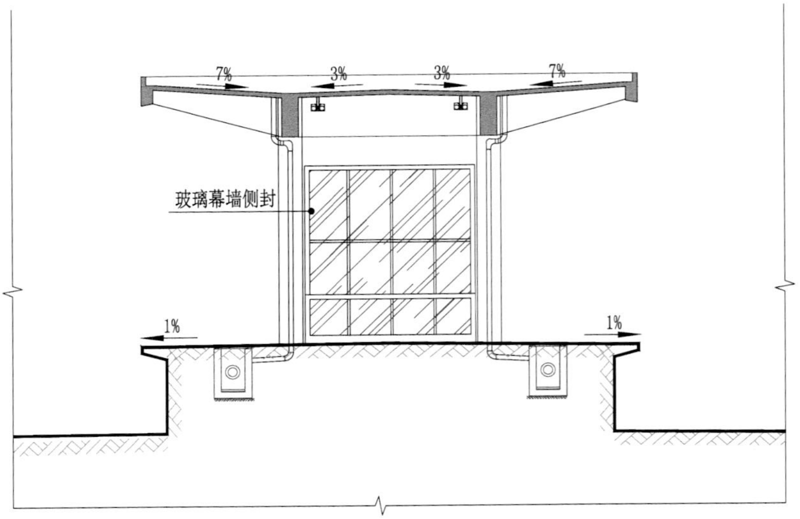

a)

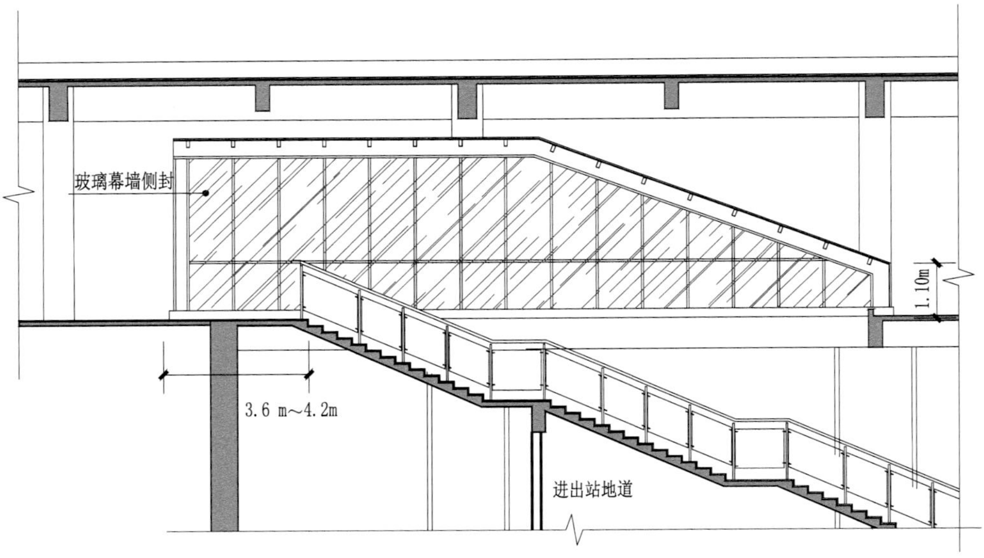

b)

图 11.2-6 中间站台地道出入口防飘雨侧封（一）

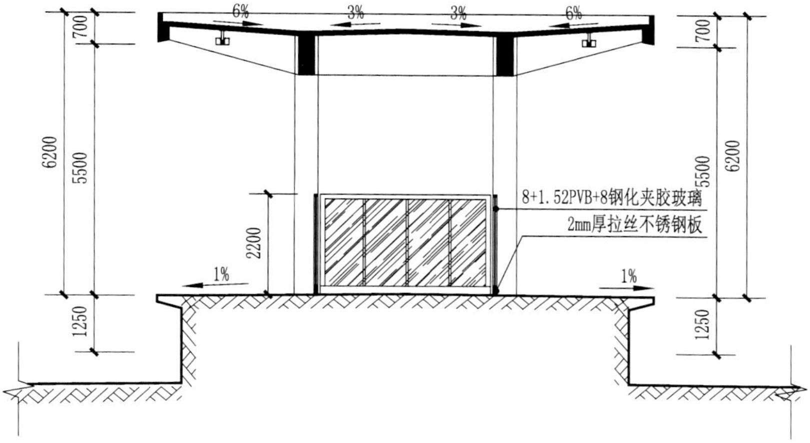

图 11.2-7 中间站台地道出入口防飘雨侧封（二）

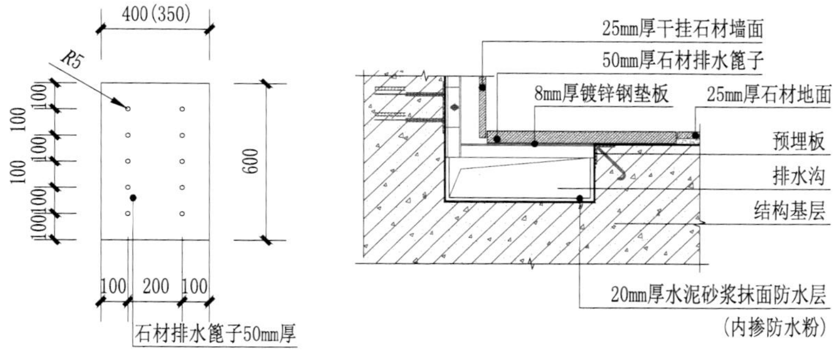

a)　　b)

图 11.2-8 地道排水沟盖板

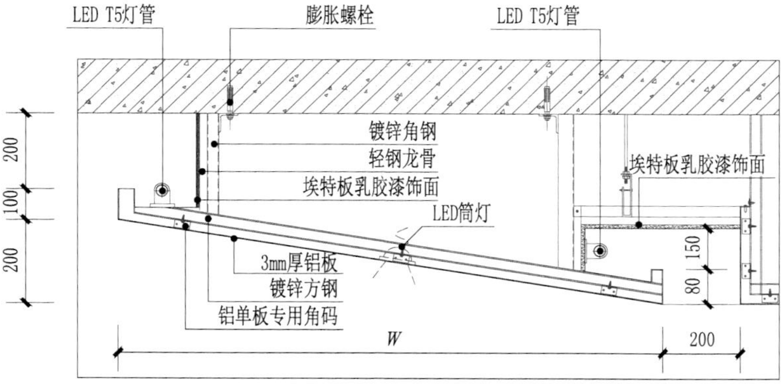

图 11.2-9 地道灯槽做法剖面图

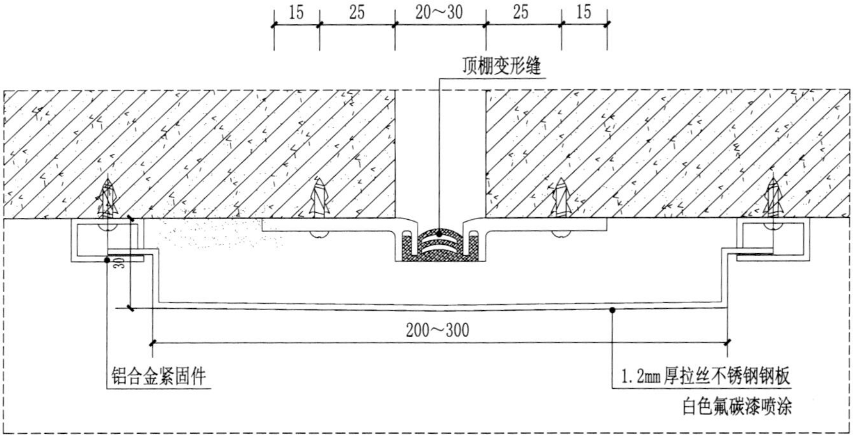

图 11.2-10　旅客地道顶棚变形缝处导水槽

3　站房至地道口线缆布放

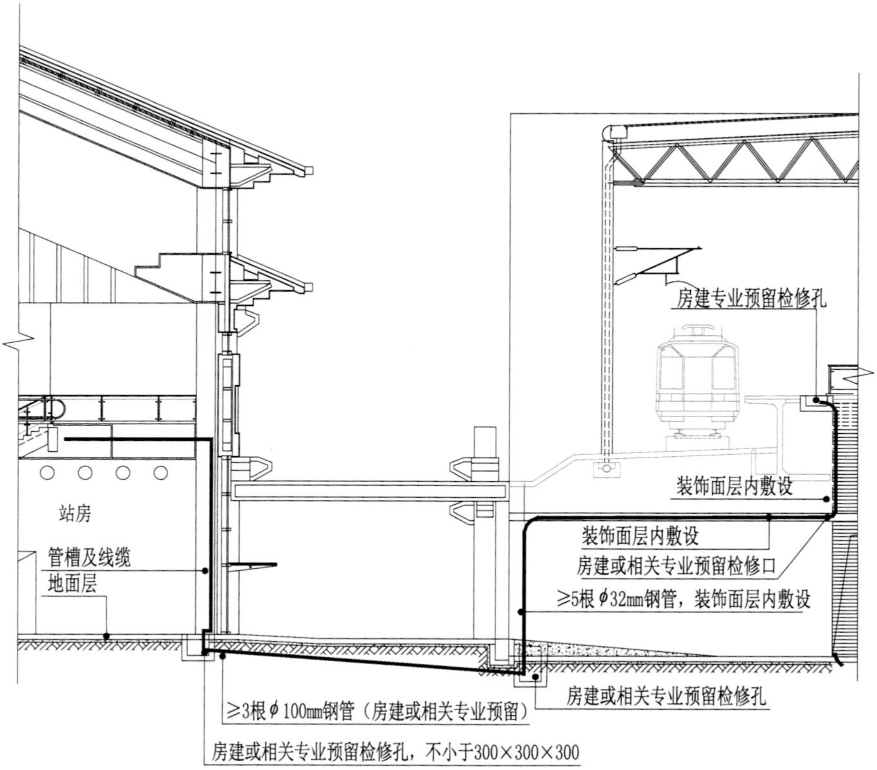

图 11.3　站房至地道口线缆布放

三、实例

实例 11-1　天桥栏板及吊顶

实例 11-2　无站台柱雨棚内天桥

实例 11-3　地道出入口设缓坡与站台衔接

实例 11-4　地道楼扶梯并列

实例 11-5　侧式站台地道出入口防飘雨侧封（一）

实例 11-6　侧式站台地道出入口防飘雨侧封（二）

实例 11-7　岛式站台地道出入口防飘雨侧封

实例 11-8　地道吊顶（一）

实例 11-9　地道吊顶（二）

第十二章

设备及末端

一、设计要点

1 空调末端

1.1 与候车室、集散厅等公共空间连通的售票厅宜与公共空间合用空调系统。售票厅不应选用嵌入式多联空调室内机。

1.2 气流组织应根据室内净高和空间布局进行设计。净高大于 10m 且容积大于 10000m^3 的建筑空间宜采用分层空调。

1.3 空调风口应根据室内净高和空间布局设置，并符合下列要求：

1.3.1 喷口送风高度宜距地面 4 m ~ 5m，单侧送风距离不宜大于 25m，双侧送风时，对向风口间距不宜大于 56m。超出上述距离时，宜增设送风单元。当大跨高大空间增设两排送风单元还无法满足要求时，可考虑座位下地面送风。

1.3.2 冬季热风采暖采用顶送风方式时，室内净高 6m ~ 10m 的空间可选用喷口形式，室内净高小于 6m 的空间可选用轴向型风口形式。

1.3.3 高大空间采用下部送风口时，可沿围护结构的楼面、地面或窗台布置。

1.3.4 供冷、供热合用的送风口宜具有改变射流出口角度的功能。

1.3.5 潮湿地区的空调送风口宜选用木质、塑料或防结露风口。

1.3.6 采用侧送风时，回风口宜布置在送风口的同侧下方。采用顶送风时，回风口宜设在空间下部，困难时可设在非密拼吊顶内。位于空间上部的回风口吸风速度不应大于 4.0m/s；位于空间下部靠近人员经常停留地点时，风速不应大于 1.5m/s；不靠近人员经常停留地点时，风速不应大于 3.0m/s。

1.3.7 公共区正对站房主要入口的内墙上不宜设置面积较大的集中回风口。

1.4 全空气集中空调系统的组合式空调机组、柜式空调机组应设在空调机房内，机房宜设在公共区角落、毗邻公共区的当层或夹层辅助用房区域，不应占用候车厅、集散厅、售票厅等公共区的主要空间和位置。空调机房面积和净高应满足设备、风管安装和检修的条件，且宜设洗涤池，并采取通风、防水、排水和消声措施。空调回风室跨越结构伸缩缝时，伸缩缝应采用保温材料封堵。

1.5 空调、通风设备应选择低噪声产品，设备运转传至公共区的噪声不得超过 55dB（A）。

1.6 空调系统的风管断面形状为矩形时，金属风管长边与短边之比不宜大于 4 : 1，且不应大于 10 : 1。边长不小于 500mm 且内弧半径与弯头端口边长比不大于 0.25 的矩形风管弯头应设导流叶片。

1.7 空调系统运行期间的新风量应确保空调区内 CO_2 浓度小于 0.15%。

1.8 站房主立面不宜设置通风口；其他立面设置通风口时，其材料颜色、质感应与墙、顶装饰材料一致，与装饰分格模数对应、对缝，整体协调。设于站房屋面的空调设备、风管、水管等应排列整齐，宜靠近背立面布置，局部外露时宜采取装饰处理。室内外风口的大小应与建筑的尺度相协调，布置应均匀对称，可结合室内外装修要求设置装饰性假风口，或采用通长百叶装饰处理。

1.9 站房立面增加中部送风时，应与建筑专业协调在立面设计中统筹考虑空调送风系统设置条件。

1.10 设备用房内的空调送风口、阀门及室内机不应布置在电气设备的上方，且与电气设备的水平距离应大于250mm。风管不宜布置在电气设备的上方，空调风口不应直接吹向电气设备。

2 供暖系统末端

2.1 严寒、寒冷地区站房的候车区、集散厅、售票厅宜采用低温热水地板辐射采暖、散热器采暖、热风采暖等相结合的采暖方式。

2.2 地板辐射供暖的集、分配器应隐蔽安装，可嵌入在墙体内、送风单元处、结构柱处、水暖管井内或建筑的角落等部位。检修面板装饰处理应与建筑装饰风格一致，宜选用与周围装饰同质同色的材料，尺寸应与整体相协调。

2.3 散热器布置应符合下列要求：

2.3.1 散热器的布置应与建筑空间协调，且应保证散热效果，可选择贴地卧式散热器或布置在内墙面处，卫生间宜采用壁挂式散热器。

2.3.2 散热器布置在建筑物外墙、靠椅背后、座椅下方等隐蔽处时，应选择低矮型散热器；有条件时，应采用嵌入式安装。

2.3.3 公共区宜选用成品散热器，不应采用铸铁散热器，散热器表面应光滑美观，颜色应与装饰相协调。

2.3.4 两道外门之间的门斗内不应设置散热器。

2.4 供暖管沟的检修盖板及通风口设计应符合下列要求：

2.4.1 供暖管沟检修盖板及通风口位置宜靠近卫生间、设备用房、商业用房以及设备集中单元等隐蔽处，不应设在公共通道处。

2.4.2 盖板的材质、颜色应与室内地面装饰材料一致；盖板尺寸在满足设备要求的情况下，应与周围装修材料模数一致，分缝对齐；盖板不应设凸出把手。

2.5 接至集配器、分配器、散热器等末端设备的供暖管道支管应暗装隐蔽布置，阀门及放气口等应方便检修和操作。

3 通风、防排烟系统末端

3.1 通风及防排烟系统的风口在满足相关设计标准要求的前提下，应与室内空间及装修相结合。

3.2 高大开敞空间宜采用可开启高侧窗、排烟窗进行自然通风，开窗位置应与建筑外观及室内空间造型相结合。

3.3 独立商务候车室的通风、排烟口应利用吊顶的空间构造暗藏布置，不应直接在吊顶面安装风口。

4 给排水系统末端

4.1 卫生间排出管管径应比计算值放大一级。

4.2 站房卫生间、饮水处的给排水管线应暗装，并方便检修。

4.3 空调机房、泵房等设备用房地面，应设置地漏、排水沟、潜水泵等排水设施。

4.4 水泵房排水沟、集水井宜采用铸铁或钢制盖板。

5 电气系统末端

5.1 照明开关宜设置在相应的专用房间，不得安装在公共区域墙壁上。

5.2 照明光源和灯具选择应满足现行《铁路照明设计规范》（TB 10089）的相关要求，宜采用LED照明光源。站房内LED光源和LED灯具应满足现行《LED室内照明应用技术要求》（GB/T 31831）的相关规定，LED光源和LED灯具寿命不应小于25000h，LED光源和LED灯具工作3000h后的光通维持率不应小于96%，工作6000h后的光通维持率不应小于92%。

5.3 公共区域照明应能实现分区、分时控制，每种模式照度应均匀。

5.4 大空间灯具选择应与建筑形式相协调。吊顶有灯槽带时，宜将灯具布置于灯槽带中；吊顶无灯槽带时，灯具宜安装在板缝间或采用断板安装方式。

5.5 设置在大跨度屋面吊顶、线间立柱雨棚等高大空间的灯具，应符合下列要求：

5.5.1 在满足照度的条件下，宜集中、分组布置灯具，并设置检修通道。

5.5.2 结合建筑装饰设计，隐蔽灯池可利用局部起伏形态等条件配合建筑、结构专业设置，在满足照明均匀度的条件下，灯具宜集中设置，并预留检修通道。

5.6 设置在不同场所的灯具，应提出其防护等级、反射器品质、抗氧化性能、维护周期、散热性能、效率等要求。

5.7 公共区域动力和照明电源控制端应设置在专用房间内。区域较大时，可分区控制。闸机、安检门、安检设备地埋电源及雨棚上的线槽、线管中的电源线宜使用护套线。

5.8 公共区域墙面上安装的电气末端应做到面板颜色、质感、观感与装修品质相协调，尺寸样式要一致，间距要统一。应与饰面材料对缝或居中布置，宜距地面1300mm；非专用设备的插座应距地面300mm；专用设备的插座应根据设备的安装要求确定位置和高度，插座距设备宜为100mm，或设备安装后能将插座遮盖。

5.9 站房内宜设置墙壁插座。当墙壁插座不能满足使用要求时，可设置地插座，地插座不宜设置在通道的中央部位，且颜色、质感与地面相协调。站房内电源插座均应采用安全型。

6 消防设施

6.1 室内公共区域喷头应与吊顶设置相协调，独立商务候车室喷头应以主灯为中心均匀布置。寒冷或严寒地区靠近幕墙设置的喷头与幕墙的间距应采用相关标准规定的最大值。

6.2 消防火灾探测器应结合吊顶中的喷头、灯具等其他末端设备统一布置。消防火灾探测器设置应符合现行《火灾自动报警系统设计规范》(GB 50116）的相关规定；在格栅吊顶区域设置感烟火灾探测器时，应符合下列规定：

6.2.1 镂空面积与总面积的比例不大于15%时，探测器应设置在吊顶下方。

6.2.2 镂空面积与总面积的比例大于30%时，探测器应设置在吊顶上方。

6.2.3 镂空面积与总面积的比例为15%～30%时，探测器的设置部位应根据实际试验结果确定。

6.2.4 探测器设置在吊顶上方且火警确认灯无法观察时，应在吊顶下方设置火警确认灯。

6.3 手动报警按钮、消防电话距地面的高度应为1300mm，设备面板质感、观感应与装修相协调，安装位置应与其他电气末端统筹考虑。

6.4 公共区消火栓箱（柜）宜靠近卫生间、设备用房、商业用房以及设备集中单元等处暗装，应采用钢制箱体，箱门的材质、颜色应与室内装饰材料表面一致；门锁应便于开启，开启角度不应小于120°，不应设凸出把手，箱门表面应设置发光标志。暗藏消火栓箱体周围和箱门背面龙骨应密封装饰。明装消火栓箱宜采用不锈钢或背漆玻璃，与装修分格模数协调。

6.5 有防冻要求时，出站口、地道等室外及半封闭区域的消防管道及喷头等应采取保温等防冻措施。

6.6 设置在疏散走道、通道地面上的消防应急方向标志灯表面应与地面平行，高于地面距离不应大于3mm，标志灯边缘与地面垂直高度不应大于1mm。

6.7 消防控制室、综合监控室各个系统的控制台、操作台及设备末端，应统一规格、样式，统筹规划设置。各类消防设施的控制箱设置位置应方便检修和操作。

6.8 挡烟垂壁应结合室内装修要求布置。

6.9 防火门及闭门器设置应与整体装修风格、颜色协调统一。

7 客运服务信息系统末端

7.1 自动售（取）票机宜采用嵌入式安装方式，设备后方空间应满足操作、维护要求，维护空间进深不宜小于1.5m；自动售（取）票机在靠近墙端安装时，应预留足够的开门空间。

7.2 综合显示屏及结构预埋件应符合设计要求。

7.3 设置于墙面的票额屏、窗口售票屏、进站大屏、候车引导屏、进站检票屏、出站大屏等综合显示屏宜采用嵌入式安装，屏体表面应与装修面齐平，屏体外框应与装修面密贴；综合显示屏应与暖通风口、静态标识等设施统筹布置，应与装修面对中对缝、美观协调。屏体边框应与建筑装修色彩相协调。

7.4 显示屏应安装在醒目、无遮挡的位置，符合旅客在进站流线上视距、视角的要求。

7.5 售票窗口屏安装宽度宜与人工售票窗口总宽度一致；综合服务中心窗口屏应与建筑布局及装修统筹设计，采用吊挂或嵌入安装的方式。

7.6 票额屏宜居中设置于人工售票窗口上方，或售票窗口的侧墙中部。票额屏顶部与上部吊顶间应留有一定的空间。

7.7 出站大屏宜设置在出站口大门外，或吊挂在出站检票机上方，背部外露的单面大屏应进行装饰处理。

7.8 动静态显示屏应采用一体化设计。

7.9 扬声器的颜色、形状以及安装方式应与室内外装修风格一致。当扬声器设置于吊顶或实体墙上时，可采用隐蔽或嵌入式安装方式，其中心线应与石材幕墙、铝板分格对齐。采用隐蔽安装方式时，装修板材及镂空率应满足电声传播的要求。

7.10 窗口对讲设备线缆应隐蔽敷设，窗口对讲设备宜统一设在售票槽侧面或采用票槽与窗口对讲设备一体化设计。

7.11 摄像机设置位置及角度应满足监控范围要求；摄像机外观及安装方式应与装修风格协调；在符合运营要求的前提下，站台摄像机宜采用与动态显示屏、静态标识及桥架相结合的方式安装；摄像机安装于实体墙上时，其支座中心线应与石材幕墙、铝板分格对齐。

7.12 子钟设置在实体墙上时，应采用壁挂安装方式，且子钟中心线应与石材幕墙、铝板分格对齐，或位于墙体装饰块材的正中心。

8 综合管线

8.1 检修马道或检修平台的设置位置应与设备及主要管道检修阀门的布置统筹考虑。

8.2 结构设计应根据综合管线布设做到管线穿梁位置准确、合理，不影响结构安全，不占或少占空间；土建应在满足荷载要求的条件下，预留均匀分布的孔、洞。

8.3 无吊顶时，外露管线布置应有序、美观，不得明线布置。有吊顶时，管线应合理布置、统筹考虑，不应与吊顶龙骨冲突。截面大的风管应贴梁布设。

8.4 管线的布置应避开设备吊装孔、风口、设备运输预留门洞，并满足运营期间设备检修和更换运输的要求。

9 检修维护设施

9.1 候车区高大空间吊顶应考虑检修措施和检修空间，宜同时设置检修马道和便于进入吊顶的人孔。

9.2 进入吊顶的路径可在室内空间相对隐蔽处设置爬梯或者从相邻的低屋面设爬梯进入。

9.3 吊顶内马道应直接设置在建筑承重结构上，宽度不宜小于500mm，上空高度应满足检修维护人员通过的要求；马道两边及端头应设防护栏杆，栏杆高度不应小于900mm，栏杆上不得悬挂设施或器具；马道上宜设置安全照明。

9.4 灯具、信息设备末端、消防水炮等检修登高作业宜采用移动式升降平台。当移动式升降平台无法满足检修作业要求时，设备末端周围可设置马道、加强龙骨、吊篮或滑道车作为补充措施。

9.5 钢屋盖结构应设置检修维护马道，马道布置方案宜与主要吊挂设备、灯具、屋面天沟等检修方案相结合统筹设计。

9.6 屋面应根据结构形式、坡度大小设置检修马道及防坠落设施。上人检修屋面的通道可设置上人爬梯或屋面上人孔。

9.7 站房屋面检修马道宜布置在屋面天沟侧、采光天窗侧或屋脊上。检修马道长度大于80m时，宜设置横向连通道。

9.8 站房屋面上人检修口不应设置在屋面迎水面处，应设置检修平台与马道衔接，检修口与金属板衔接处应采取抗风掀和防水加强措施。

9.9 站台雨棚金属屋面宜在屋脊上或者檐口附近设置检修马道和防坠落设施。

9.10 雨棚检修钢爬梯涂装颜色应与雨棚柱一致，应设置护笼，护笼最低点距地面不宜小于2m，其下端宜设置活动梯；钢爬梯应采取防雷接地措施。

9.11 天桥屋面宜设人员防坠落设施；屋面坡度大于 10% 时，屋脊及檐口处均应设人员防坠落设施。天桥采用金属屋面时，屋面应设检修马道。

9.12 金属屋面和采光屋面投影面积超过 $5000m^2$ 时，宜设置上水冲洗的条件。

9.13 屋面站名牌处宜设置检修平台或检修通道。

9.14 钢材与铝材（型材、铝单板及铝镁锰金属屋面板）结合处应采取防止电化学反应措施，宜设厚 1.5mm ~ 2.0mm 橡胶垫片。

9.15 幕墙宜设置清洗设施。清洗设施应采用安全美观的连接方式，可兼作自然排烟窗、室外泛光照明、站名牌的检修设施。

9.16 天桥玻璃栏板节点构造应满足检修维护时内部拆装的需求。

10 其他

10.1 设于立面的通风口、泄压阀、空调室外机等应统一规划布置；室内的风井、管道间宜结合工艺和使用功能合理排布。

10.2 通风口、散热器、集分配器、消火栓箱、消防喷淋、灯具、信息设备等末端应统筹设置，且与装修风格协调。

10.3 冷却塔、消防水箱等布置于室外或屋顶的设备不得影响站房的主要立面效果。当有坡屋顶时，设备不应高出屋脊线，且应隐蔽布置。

10.4 冷冻站不宜贴邻通信、信号、信息机房设置。

10.5 轨道上空不应直接设置机电设备、风管、水管等各类管线，以及给排水（消防）管道接口、检查口和阀门等。确需设置时，应配套设置设备夹层或设备管廊。

10.6 公共区域强电、弱电管线宜沿墙面、地板、天花板隐蔽敷设，吊顶内强电、弱电线缆宜穿管敷设或沿桥架敷设。

10.7 检修维护设施应根据投入运营后对主体结构钢构件的防腐涂装、防火涂装、玻璃幕墙、屋面防排水、雨棚吊顶、消防设施及设备末端等局部损伤检修维护需要，设置检修口、上人通道、检修通道及人员防坠落设施，并应为检修设备及配件提供相应的运输通道。

10.8 检修通道应方便巡检、经济、耐久。检修通道出入口应隐蔽设置在检修人员方便到达的地方。

二、参考图

1 供暖系统末端

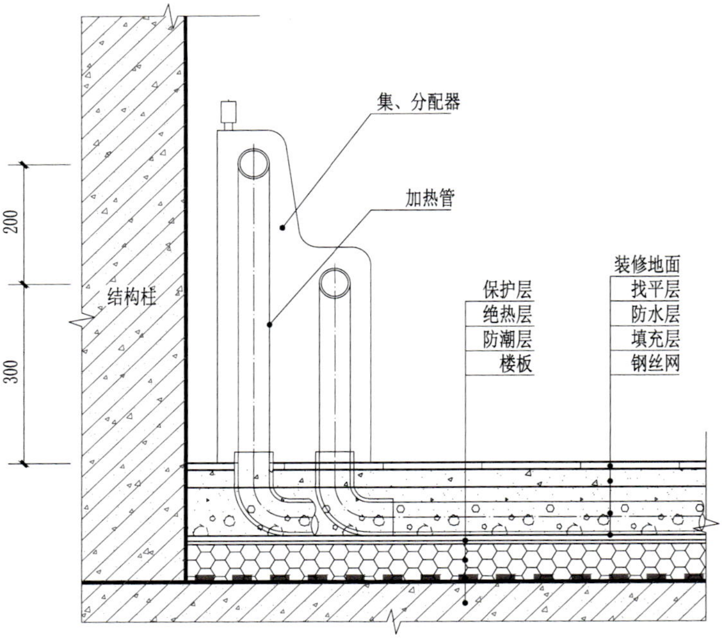

图 12.1-1 集、分配器

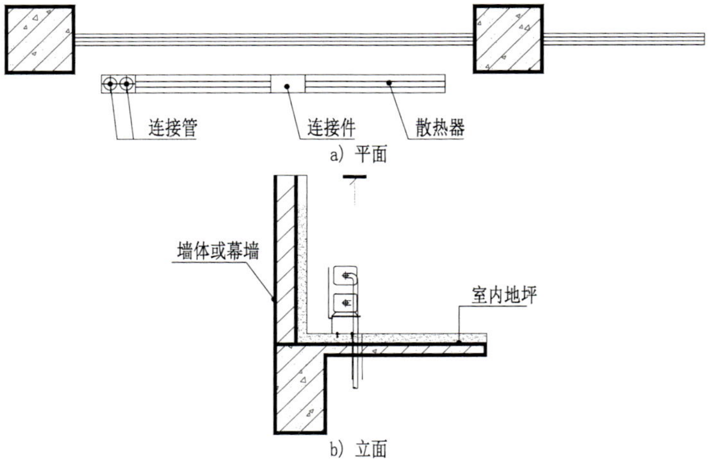

注：铜管铝翅片对流散热器沿墙安装。

图 12.1-2 散热器安装

2　电气末端

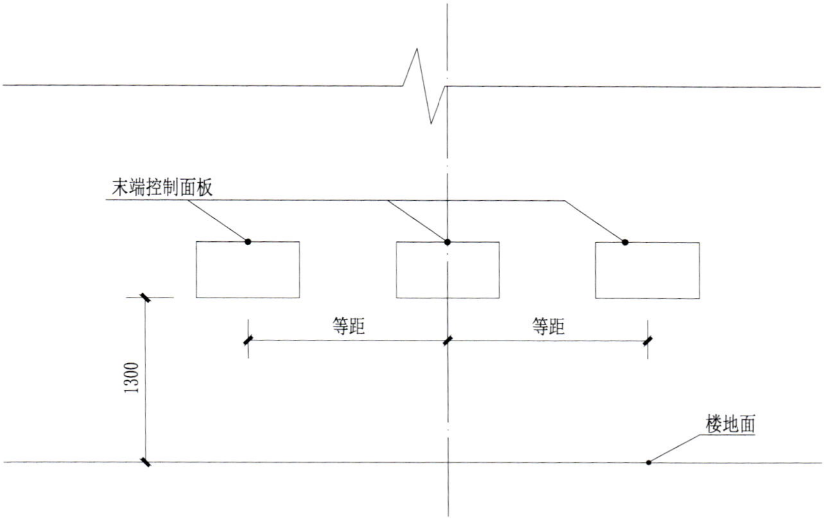

图 12.2-1　公共空间墙面末端控制面板安装

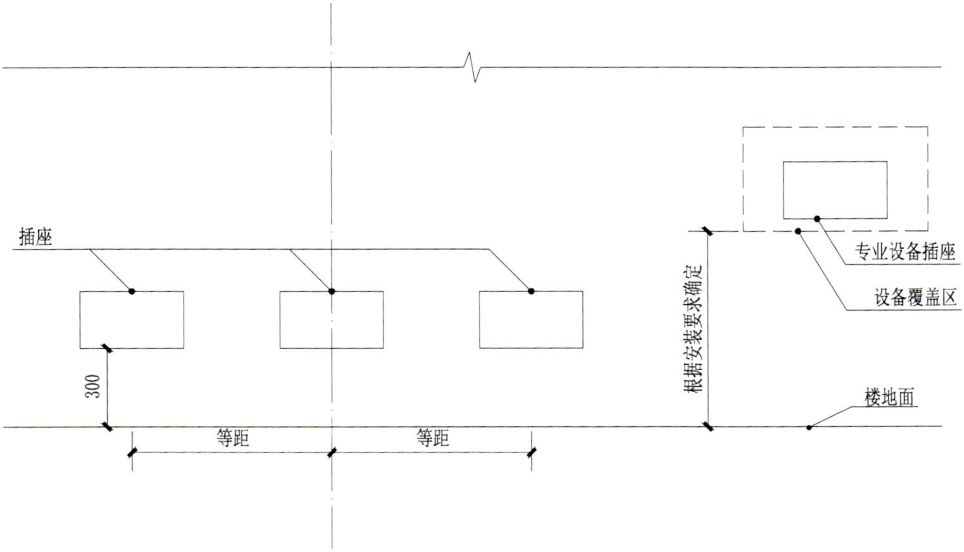

图 12.2-2　公共空间墙面设备插座安装

3　检修马道

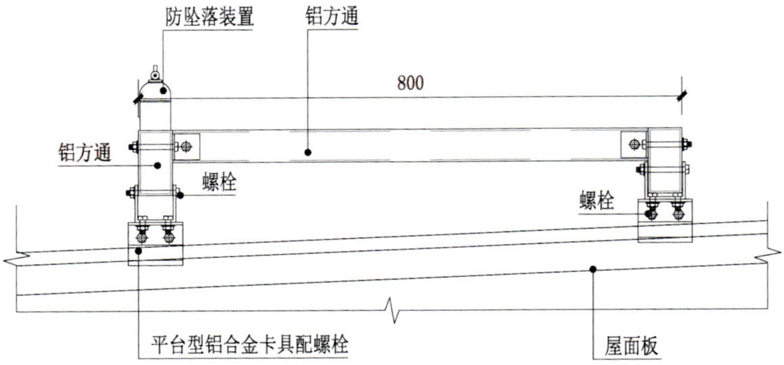

图 12.3-1　直立锁边铝镁锰金属屋面马道（一）

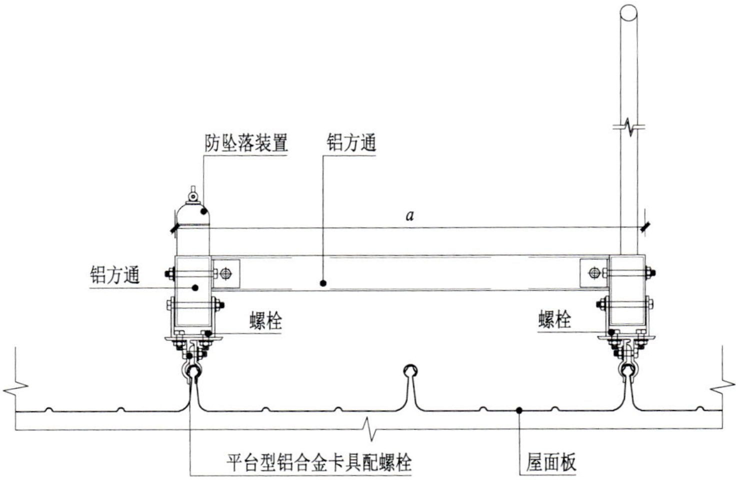

注：图中a根据单体设计。

图 12.3-2　直立锁边铝镁锰金属屋面马道（二）

4　检修钢爬梯

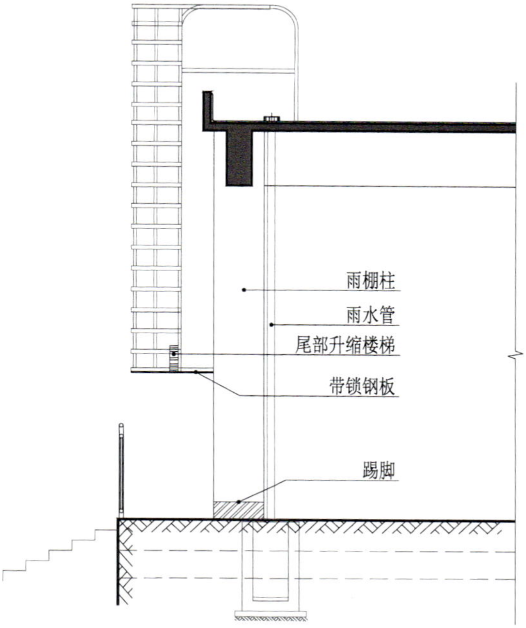

图 12.4　检修爬梯

5　站台雨棚拉索座

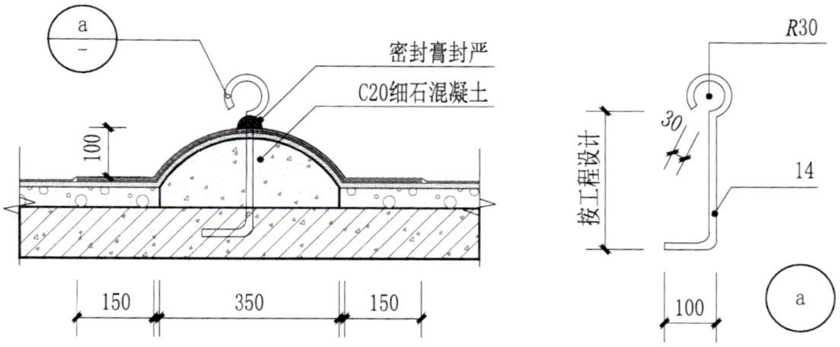

图 12.5　雨棚屋面拉索座

三、实例

实例 12-1　喷口采用与装饰面同质同色

实例 12-2　风口装饰（一）

实例 12-3　风口装饰（二）

实例 12-4　风口隐藏在同色同质装饰百叶内

实例 12-5　沿高架下往站台层的楼梯口两侧设置条缝形风口

实例 12-6　喷口侧送风

实例 12-7　与室内装饰协调的独立送风单元（一）

实例 12-8　与室内装饰协调的独立送风单元（二）

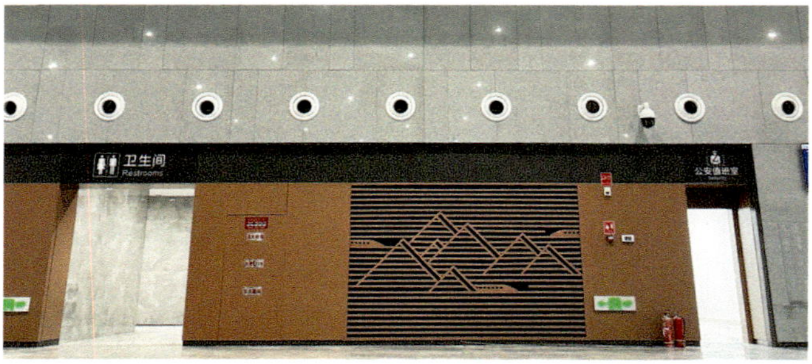

实例 12-9　空调送、回风口（一）

实例 12-10　空调送、回风口（二）

实例 12-11　外墙通风口及装饰性风口（一）

实例 12-12　外墙通风口及装饰性风口（二）

实例 12-13　幕墙边采用贴地卧式散热器方式

实例 12-14　商务候车室通风、排烟口利用吊顶空间构造暗藏

实例 12-15　检修盖板

实例 12-16　灯具与吊顶协调

实例 12-17　扶梯下设置集中控制配电箱

实例 12-18　地插座

实例 12-19　有源安全疏散指示

实例 12-20　下垂型喷头

实例 12-21　隐蔽性喷淋头

实例 12-22　石材墙面消火栓

实例 12-23　背漆玻璃墙面消火栓

实例 12-24　暗藏消火栓箱内饰

实例 12-25　显示屏嵌入墙体

实例 12-26　进站大屏嵌入墙体（一）

实例 12-27　进站大屏嵌入墙体（二）

实例 12-28　候车引导屏

实例 12-29　售票窗口对讲设备线缆隐蔽安装

实例 12-30　管线穿梁布置

实例 12-31　梁上预留管线孔洞

实例 12-32　室内吊顶检修马道措施

实例 12-33　检修马道及防坠落措施

实例 12-34　检修钢爬梯

实例 12-35　幕墙检修吊篮

第十三章

质量控制要点

一、站房室内公共空间

1 石材

1.1 花岗石板材质量等级和检测应符合现行《天然花岗石建筑板材》（GB/T 18601）优等品的相关规定。石材放射性应符合现行《建筑材料放射性核素限量》（GB 6566）的相关规定，石材加工制作应符合现行《金属与石材幕墙工程技术规范》（JGJ 133）的相关规定。

1.2 石材铺砌：

1.2.1 材料品种、规格、性能应符合设计要求。

1.2.2 镜面板材的镜像光泽度不应小于 80 光泽单位。

1.2.3 花岗石板材弯曲强度不应小于 8MPa。

1.2.4 地面石材耐磨性能不应小于 $25l/cm^3$。

1.2.5 石材面层的表面应洁净、平整、无磨痕，且图案清晰、色泽一致、接缝均匀、周边顺直、镶嵌正确，板块无裂纹、缺角、缺棱等缺陷。品种不同的板材不得混杂使用。

1.2.6 石材荒料应在同一矿山相邻的同一层面上采取。品种选定后应封样板，且应控制色差上下限，样板为颜色最浅的和最深的石材大板长 1.0m、宽 1.0m 各两块。石材铺砌时，板材应在工厂根据样板的花纹颜色和板材设计尺寸进行预排，根据纹理走向编号处理，在距板材 1.5m 处站立目测，保证同一装饰面花纹颜色协调。

1.2.7 不同批次石材的色调应基本调和，花纹应基本一致。

1.3 石材防护剂涂刷：

1.3.1 干挂石材六面均应涂刷饰面型石材防护剂。石材采用水泥等进行粘贴时，除在装饰面和四个侧面涂刷饰面型防护剂外，还应在石材底面涂刷底面型防护剂。石材防护剂的质量应符合现行《建筑装饰用天然石材防护剂》（JC/T 973）的相关规定。

1.3.2 饰面型石材防护剂出厂检验项目应包括防水性、耐污性、稳定性、耐紫外线老化性、pH 值等。用饰面型石材防护剂进行石材防护时，应保持石材颜色基本不变，饰面型石材防护剂防水性不应小于 85%；耐污性应满足食用植物油、蓝黑墨水污染值为 0 要求；稳定性应无分层、漂油和沉淀；耐紫外线老化性不应小于 40%；饰面型水剂型石材防护剂 pH 值范围应在 3 ～ 13 之间。

1.3.3 底面型防护剂出厂检验项目应包括抗渗性、稳定性。底面型防护剂抗渗性试验应无水斑出现；水泥黏结强度下降率不应大于 5.0%。

1.3.4 石材涂刷防护剂时，应在防护前把石材冲洗干净，晾干，晒燥。选用的石材清洗剂不应造成石材颜色的改变或对石材造成损坏。石材防护应在出厂前完成，切割后的石材应重新涂刷防护剂。现场进行的石材黏结修补应采用石材专用的云石胶。

1.4 干挂石材：

1.4.1 石材应符合现行《干挂饰面石材及其金属挂件　第一部分：干挂饰面石材》（JC 830.1）的相关规定，毛面石材厚度不应小于 28mm，光面石材厚度不应小于 25mm。异型石材应符合现行《天然花岗石建筑板材》（GB/T 18601）、《异型装饰石材》（JC/T 847.2、JC/T 847.3）的相关规定。

1.4.2 干挂石材的预埋件、龙骨、连接件的数量、规格、位置、连接方式和防腐处理应符合设计要求。钢龙骨焊接、螺栓连接应符合现行《钢结构设计标准》（GB 50017）和《钢结构焊接规范》（GB 50661）的相关规定。

1.4.3 石材与挂件之间应采用环氧树脂型专用石材结构胶黏结并填充，并应检测挂件及胶材料的力学性能指标。环氧胶粘剂的性能应符合《干挂石材幕墙用环氧胶粘剂》（JC 887）的相关规定。

1.5 站房室内候车区、集散厅、售票厅等干态地面防滑等级应达到 Cd 级及以上，并应符合现行《建筑地面工程防滑技术规程》（JGJ/T 331）的相关规定。材料进场时应有产品合格证和防滑性能检验报告。

2　金属饰面板

2.1 金属饰面板的品种、规格、颜色、光泽应符合设计要求。

2.2 金属饰面板制作、安装应符合下列要求：

2.2.1 金属饰面板主体结构上的预埋件的数量、位置应符合设计要求。

2.2.2 金属饰面板墙面的造型和立面分格应符合设计要求。

2.2.3 金属饰面板表面应平整、洁净、色泽一致。

2.2.4 金属饰面板接缝应平直，宽度应符合设计要求。

2.2.5 金属饰面板上的孔洞应套割，应与墙上孔洞吻合，边缘应整齐。

2.2.6 金属饰面板加工制作、安装应符合现行《建筑装饰装修工程质量验收标准》（GB 50210）及《金属与石材幕墙工程技术规范》（JGJ 133）的相关规定。

2.3 仿石铝板制作、加工应符合下列要求：

2.3.1 仿石铝板基材应为合金铝板，板材尺寸偏差、对角线、侧边弯曲度、不平度应符合高精级要求，选材性能指标应满足现行《轨道交通用铝及铝合金板材》（GB/T 32182）的相关规定。

2.3.2 铝板装饰面上的膜层，膜厚类型宜为三涂层，平均厚度≥ 35μm，局部厚度≥ 30μm；膜层铅笔硬度应不小于 2H；膜层铅笔的其他性能应符合现行《建筑幕墙用氟碳铝单板制品》（JG/T 331）及《建筑装饰用铝单板》（GB/T 23443）的相关规定。

2.3.3 仿石铝板为氟碳辊涂压花时采用连续辊压流水线对辊涂卷进行卷材压花，严禁采用片材压花方式；一次压花深度≥ 2.8mm；根据项目或封样要求可以采用二次压花技术，二次压花深度≥ 4mm。

3 地砖与面砖

3.1 卫生间地砖铺设应符合下列要求：

3.1.1 地砖防滑等级应达到 Bd 级及以上，并应符合现行《建筑地面工程防滑技术规程》（JGJ/T 331）的有关规定，材料进场时应提供产品合格证和防滑性能检验报告。

3.1.2 铺砌地砖之前，应在房间内弹线、排砖，宜用整砖。非整砖可铺设在不明显处，且尺寸不宜小于整砖的 1/2。

3.1.3 面层铺设后标高应符合设计要求。板面应平整，面层与基层的结合（黏结）应牢固无空鼓。砖面层的表面应洁净、色泽一致、图案清晰、接缝平直，板块不应有裂纹、掉角和缺棱等缺陷。

3.1.4 地砖留缝宽度、深度应符合现行《室内外陶瓷墙地砖通用技术要求》（JG/T 484）的相关规定。勾缝材料颜色应符合设计要求。地砖接缝应平直、光滑、宽窄一致，纵横交接处不应有明显的错台、错位，填嵌应连续、密实。

3.1.5 地砖铺设时，坡度、坡向应符合设计要求。

3.1.6 地砖选用玻化砖时厚度不小于 10mm。

3.2 卫生间面砖铺设：

3.2.1 面砖的品种、规格、级别、颜色、图案应符合设计要求。

3.2.2 面砖粘贴应牢固，无空鼓、裂缝，不应有歪斜等缺陷。

3.2.3 面砖面层的表面应洁净、色泽一致、图案清晰、接缝平直，板块不应有裂纹、掉角和缺棱等缺陷。

3.2.4 门边、窗边、镜边、阳角边墙砖宜用整砖。非整砖可铺设在不明显处，且尺寸不宜小于整砖的 1/2。

3.2.5 墙面突出物周围的饰面砖应采用套割吻合的整砖，边缘整齐。

3.2.6 面砖接缝应横平竖直、光滑、宽窄一致，纵横交缝处不应有明显错台、错位，阴阳角板边合缝应顺直、凸凹线厚度一致、上下口平直，填嵌应连续、密实，宽度、深度、颜色应符合设计要求。

3.2.7 面砖选用玻化砖时，砖的厚度不小于10mm。

4 人造石台面

4.1 人造石台面相关性能及参数应符合现行《建筑装饰用人造石英石板》(JG/T 463)、《人造石加工、装饰与施工质量验收规范》(JC/T 2300) 的相关规定，放射性核素限量应符合现行《建筑材料放射性核素限量》(GB 6566) 的相关规定、燃烧等级不应低于现行《建筑材料及制品燃烧性能分级》(GB 8624) 中B1级的相关规定，并应符合下列规定：

4.1.1 人造石台面装饰面应整洁，边沿整齐；花纹图案应清晰，不应有棱边及角部缺损；表面不应有划痕、气孔、裂纹及明显色差，杂质直径不应大于0.5mm，数量不应大于5个/m²。拼接不应有明显接驳痕。背面应无明显裂纹、沟槽等隐性产品力学性能的缺陷。

4.1.2 人造石台面的性能指标应按表13-1的规定执行。

人造石台面性能指标　　表13-1

项　目		性 能 指 标
光泽均匀度		≤ 10
吸水率（%）		≤ 0.05
耐污染性能（级）		≤ 2
耐化学腐蚀性能		试验后无明显损伤
莫氏硬度（级）		≥ 5
线膨胀系数（℃$^{-1}$）		≤ 4×10^{-5}
湿膨胀系数（mm/m）		≤ 0.5
氧指数		≥ 35
耐划痕性能		试验后无明显划痕
耐人工气候老化性能		试验后无破坏，变色≤ 2 级
耐磨性能（g/cm^2）		≤ 7.0×10^{-3}
耐高温性能		试验后无破坏，无明显变色
弯曲强度（MPa）		≥ 30
抗落球冲击性能（J）		≥ 3.5
抗冻融性能（MPa）		试验后无破坏，弯曲强度≥ 30
重金属含量（mg/kg）	可溶性铅	≤ 90
	可溶性镉	≤ 75
	可溶性铬	≤ 60
	可溶性汞	≤ 60

注：光泽度平均值由供需双方商定。

4.2 人造石台面耐污染性能的试验方法应为：在每块试件表面分别涂抹不同的污染物，同一种污染物在同一块试件上分两处涂抹，每处的涂抹面积宜为25cm^2，将其中一处用表面皿等合适的容器盖住。放置16h后进行清洗和耐污染性能的评级，以同一块试件上两处污染等级值中较大值作为对该污染物的时间结果。

5 厕位隔板

5.1 厕位隔板的固定埋件应预埋，预埋件不应破坏地面防水层。

5.2 厕位隔板宜采用整块金属复合板，不应有拼缝。隔板设置应符合下列要求：

5.2.1 隔板规格、高度和厚度应符合设计要求。

5.2.2 面板宜采用成品双面热镀锌钢板，锌层厚度应为 80μm；钢板厚度不宜小于 1.2mm，应具有良好的冲折、拉伸、延展、防腐性能。芯材宜采用防潮、防霉、高强度的铝蜂窝芯。板材表面涂层应采用环保、耐腐蚀、耐老化、耐划伤的静电粉末喷涂。

5.2.3 横杆宜采用铝合金型材、不锈钢材质，并应连接牢固、结构稳定。

5.2.4 U 形槽应采用与面板同质钢板、专业模具成型的成品 U 形槽。

5.2.5 支架脚应采用 316 不锈钢材质。

5.2.6 五金配件应采用高强度、耐腐蚀的不锈钢材质。

5.2.7 合页应根据门的重量进行选择，并应具备自动归位功能。

5.2.8 门锁应操作灵活、经久耐用。

6 吊顶

6.1 吊顶所用的吊件、龙骨、连接件、饰面材料，吊杆的材质、规格、安装位置、标高及连接方式应符合设计要求和现行《建筑装饰装修工程质量验收标准》(GB 50210) 及《公共建筑吊顶工程技术规程》(JGJ 345) 的相关规定。

6.2 饰面材料选用、安装：

6.2.1 饰面材料的材质、品种、规格、图案和颜色应符合设计要求，饰面材料表面应洁净、色泽一致，不得有翘曲、裂缝及缺损。

6.2.2 饰面材料安装应牢固，分格方式、分块尺寸及分格缝宽度应符合设计要求。

6.2.3 饰面材料接缝应纵向顺直、弧线圆滑、边缘整齐。

6.2.4 饰面材料采用金属及金属复合材料时，应符合现行《金属及金属复合材料吊顶板》(GB/T 23444) 的相关规定，板条的拼缝应结合严密。

6.2.5 饰面材料采用铝合金时，正、反两面氟碳涂层均不应少于两层。当面漆选用金属闪光漆时，涂层不得少于三层，且应采用配套清漆对面漆进行保护。镀膜层应符合现行《建筑幕墙用氟碳铝单板制品》(JG/T 331) 及《建筑装饰用铝单板》(GB/T 23443) 的相关规定。

6.3 龙骨应组装正确、连接牢固、拼缝严密无松动。吊杆距主龙骨端部不应大于 300mm，端排吊点距侧墙间距不应大于 200mm。吊杆与设备相遇时，应调整并增设吊杆或采用型钢支架。

6.4 吊杆与顶部的连接应牢固、安全。吊杆应与结构中的预埋件焊接或与后置紧固件连接。吊杆与龙骨的连接、龙骨与饰面材料的连接应安全可靠。方钢龙骨内外表面应进行热浸镀锌处理，端部应焊接封堵。

6.5 吊顶工程中的预埋件、钢筋吊杆和型钢吊杆及钢结构转换层应进行防腐处理。

6.6 龙骨的接缝应平整、吻合、颜色一致，不得有划伤、擦伤等表面缺陷。龙骨应平整、顺直、无变形。

6.7 吊顶的标高、分格、表面曲线起拱与弧线应符合设计要求。

6.8 吊顶及安装设备不得互相借用吊杆及支架。

6.9 吊顶内灯具的安装应自成系统，不得利用吊杆及支架作为灯具吊件。

7 其他

7.1 小便斗与墙砖之间密封胶嵌缝应均匀、界面清晰、无污染。

7.2 玻璃镜安装应符合下列要求：

7.2.1 公共卫生间所用的玻璃镜及辅助材料的品种和规格尺寸应符合设计要求。

7.2.2 玻璃镜表面不应有划痕、破损及污染。

7.2.3 玻璃镜及周边饰条应顺直，玻璃应镶嵌紧密。

7.3 蹲便器感应式冲洗阀宜采用交流电源，并应满足下列要求：

7.3.1 工作电源为 220V/50Hz ～ 60Hz，感应距离为 15cm ～ 70cm。

7.3.2 冲水时间在 5s ～ 15s，并可根据需求调节。

7.3.3 待机功耗不大于 2W，冲洗功耗不大于 8W。

7.3.4 适用水压为 0.05MPa ～ 0.6MPa。

7.4 站房污水提升设备宜采用带铰刀的切割式污水泵。

二、站房外装饰及金属屋面

1 外墙与门窗装饰

1.1 建筑幕墙、门窗的外观、材料、尺寸及装配质量应符合国家现行相关标准的规定。

1.2 建筑幕墙、门窗各性能试验应符合现行《建筑幕墙、门窗通用技术条件》(GB/T 31433)的相关要求。

1.3 建筑幕墙采用的不锈钢宜为奥氏体不锈钢材。幕墙采用的非标准五金件应符合设计要求和国家现行相关标准的规定。

1.4 钢化玻璃性能、制作应符合下列要求:

1.4.1 钢化玻璃宜采用超白玻璃原片。

1.4.2 钢化玻璃钢化应力的均匀度应符合现行《建筑门窗幕墙用钢化玻璃》(JG/T 455)的相关规定。

1.4.3 钢化玻璃应采用吸热率较低的钢化玻璃。

1.4.4 钢化玻璃板块四周应采取倒棱及精磨边处理。

1.5 背栓式干挂石材幕墙系统的立柱及横梁断面尺寸应满足设计要求,钢材表面应全部采用热浸镀锌处理,热浸镀锌处理应符合现行《金属覆盖层 钢铁制件热浸镀锌层 技术要求及试验方法》(GB/T 13912)的相关规定。

1.6 幕墙铝合金型材表面应进行氟碳喷涂处理,漆膜层应符合现行《铝合金建筑型材 第5部分:喷漆型材》(GB/T 5237.5)的相关规定,漆膜平均厚度不应小于45μm,局部厚度不应小于35μm。铝单板正、反两面宜采用氟碳辊涂三涂处理工艺,并应符合现行《建筑幕墙用氟碳铝单板制品》(JG/T 331)及《建筑装饰用铝单板》(GB/T 23443)的相关规定,正面涂层平均膜厚不应小于35μm,最小局部膜厚不应小于30μm,色泽应均匀、无色差,膜层铅笔硬度不应小于2H。

1.7 幕墙保温层应紧贴基层,并采取防止保温材料沉陷造成保温层不连续的措施。板状保温材料采用机械固定法施工时,应选择专用螺钉和垫片;固定件与结构层之间应连接牢固。保温层底部宜做离缝防水处理。

1.8 幕墙与主体结构连接的预埋件应在主体结构施工时按设计要求埋设,在混凝土浇筑阶段应核查预埋件的位置。

1.9 外墙涂料工程施工应符合现行《外墙外保温工程技术标准》(JGJ 144)和《建筑外墙防水工程技术规程》(JGJ/T 235)的相关规定。

1.10 外墙涂料采用仿清水混凝土涂料时,涂布应整体滚匀,边角无遗漏。仿清水混凝土进行整体性修复着色时,应使用清水混凝土基底调整材料,用专用工具全面涂布。

1.11 门框、门扇、门轴、闭门器地弹簧、自动关闭门扇的闭门装置等应由专业厂家依据国家现行相关标准进行加工，专业厂家应进行结构验算，并经国家授权的检测机构检测合格。地弹簧及配套轴销的规格、型号应满足门扇自重及风压等承载要求。验收合格出厂的产品应用塑料薄膜包装，标注产品型号及规格，并附产品合格证书。

1.12 洞口与门、窗框预留缝隙宽度应符合表 13-2 的规定。

洞口与门、窗框预留缝隙宽度 表 13-2

饰面材料	清水墙抹灰（无贴面）	贴面砖	挂石材
预留缝隙宽度（mm）	≤ 10	≤ 25	≤ 50

1.13 有框玻璃门门扇间缝隙宽度不宜大于 5mm，门扇与竖向门框缝隙宽度不宜大于 4mm，与上门框缝隙宽度不宜大于 5mm，与下门框缝隙宽度不宜大于 10mm。

1.14 门框、窗框密封胶条主体材料宜采用三元乙丙或硅橡胶，密封胶条应符合现行《建筑门窗、幕墙用密封胶条》（GB/T 24498）的相关规定。门扇上、下密封应采用防风条刷密封形式，外门缝应有密封装置或设密封槽，槽内应嵌装由不燃性材料制成的密封条。

1.15 石材、金属板的其他施工质量控制要点与室内公共空间要求一致。

2 金属屋面与檐口

2.1 屋面所用的金属板材出厂应包装完整，并附有基材、产品和制作成型构件的标志和质量证明书。

2.2 彩钢板的性能应按现行《彩色涂层钢板及钢带》（GB/T 12754）中的高级供货标准执行。

2.3 金属板材表面喷涂应符合下列要求：

2.3.1 宜采用氟碳喷涂处理，漆膜厚度应符合现行《采光顶与金属屋面技术规程》（JGJ 255）的相关规定。

2.3.2 铝合金板正、反两面氟碳涂层不应低于两层。当面漆选用金属闪光漆时，涂层不应低于三层，且应采用配套清漆对面漆进行保护。镀膜层应符合现行《建筑幕墙用氟碳铝单板制品》（JG/T 331）及《建筑装饰用铝单板》（GB/T 23443）的相关规定。

2.3.3 热熔型氟碳涂层的聚偏二氟乙烯树脂含量不应低于树脂总量的 70%（质量比），膜层铅笔硬度不应小于 1H。

2.4 当设计要求进行气密性和水密性、抗风压、热工和抗风揭（掀）试验时，施工方应提供检验报告。

2.5 屋面透气防水垫层材料的规格和性能应符合国家现行相关标准的规定。

2.6 屋面保温隔热材料应采用机械固定法

施工，其主要性能应符合现行《建筑用岩棉绝热制品》（GB/T 19686）的相关规定，且憎水率不应小于99%。

2.7 站名牌支架宜刷浅灰，支架底部穿屋面支座应采取耐久可靠的防水做法。站名牌安装固定杆件和底部支座应隐藏在字体笔画后面。

2.8 屋面抗风夹安装应符合下列要求：

2.8.1 屋面工程所用的抗风夹应有产品合格证书；所用材料的品种、规格、性能等应符合国家现行相关标准和设计要求。

2.8.2 抗风夹安装前，宜通过安装工艺试验确定螺栓拧紧工艺参数。

三、站房平台及站场设施施工质量控制要点

1 铺装

1.1 站房平台、站台铺装石材及盲道板防滑安全等级应达到现行《建筑地面工程防滑技术规程》（JGJ/T 331）规定的 Aw 级，防滑值 BPN 不应小于 80。

1.2 封闭式天桥室内干态平整地面的防滑等级应达到现行《建筑地面工程防滑技术规程》（JGJ/T 331）规定的 Cd 级及以上，踏步、防滑坡道防滑等级应达到 Aw 级。

1.3 地道内地面防滑等级应达到现行《建筑地面工程防滑技术规程》（JGJ/T 331）规定的 Cd 级及以上。

1.4 地道采用干挂面材的墙面时，石材板块与挂件之间应采用环氧树脂型专用石材结构胶黏结并填充，并应检测挂件及胶材料的力学性能指标。环氧胶粘剂的性能应符合现行《干挂石材幕墙用环氧胶粘剂》（JC 887）的相关规定。

1.5 火烧水洗板的铺装应符合下列要求：

1.5.1 火烧水洗板的品种、规格、级别、形状、光洁度、颜色和图案应符合设计要求并应有产品合格证书；应按照火烧水洗后的均匀厚度进行检验，不应有暗裂、崩裂情况；其物理力学及耐候性能应符合设计要求，材料应送检合格后方可使用。

1.5.2 火烧水洗板的加工尺寸允许偏差应符合现行《天然花岗石建筑板材》（GB/T 18601）一等品及以上的相关规定。粗面板材长度、宽度允许误差为 0 ～ −2mm；地面铺贴的板材厚度允许误差为 +2mm ～ −2mm。

1.5.3 火烧水洗操作流程为：用火焰喷烧在板面上均匀地移动，移动速度为 120mm/s ～ 250mm/s，喷枪口与板面的距离是 20mm ～ 40mm，并互相成倾角，火焰的温度为 800℃ ～ 1000℃，火焰喷烧前对板材先进行喷水，使其脱落 0.5mm ～ 1mm 的表面层。然后用水磨机除去表面糙毛，再利用石材防污防渗处理的方法对石材进行保养和防护。

1.6 光面石材抽槽应符合下列要求：

1.6.1 光面石材抽槽应在出厂前加工完成，槽宽应一致，槽直角部分不应被打磨成圆角；石材抽槽后不得有损坏或崩裂现象，槽内应光滑、洁净。

1.6.2 光面石材抽槽间距允许误差为 +1mm ～ −1mm，偏差超过要求时，应按照拼接图修磨。

1.6.3 光面石材抽槽板槽内见光面的表面质量应符合下列规定：

1.6.3.1 光度不应低于板面的 90%，且槽面无打磨抛光痕迹、坑凹、裂纹。

1.6.3.2 槽边线直线度应控制在 1mm/m 内；槽外形轮廓允许误差为 +1mm ～ −1mm。

1.6.3.3 槽垂直度无明显偏斜、圆口。

1.6.3.4 多件拉槽板拼接时应无错台，拼接连接线应在一条直线上，无明显波浪现象，直线度允许误差为 1mm/m 内。

1.7 站房平台、站台板铺贴应牢固，不得有空鼓；接缝应通常顺直，密缝铺贴缝宽不应大于 1mm。勾缝应清晰、顺直、平整光滑、深浅一致，并低于板面 0.5 mm ～ 1.0mm。

1.8 石材防护涂刷要求同“一、站房室内公共空间”第 1.3 条要求。

2 排水沟及盖板

2.1 井盖宜采用双层或带防坠网的可活动井盖，井盖表面应与地面铺面平齐，高度允许误差为 0 ～ −2mm，拉手不得凸出井盖。

2.2 水篦子表面应低于铺面，高度允许误差为 0 ～ −3mm，铺面边缘应做圆弧处理。

3 变形缝

3.1 变形缝两侧结构墙体、柱、梁外形尺寸，应保证变形缝宽度一致。

3.2 变形缝构造应保证面层美观，缝两侧的构造应能自由伸缩。

3.3 变形缝的外装饰板应设置满足变形余量要求的凹槽，或采用单面固定的方法进行铺贴或覆盖。

3.4 变形缝处应满足建筑物的防水要求。屋面防水应在变形缝处铺贴附加层，外墙变形缝的装饰盖板两侧应用建筑胶将盖板与墙面黏结并用射钉钉牢，不得有空鼓现象。

3.5 变形缝处应满足建筑物的防火要求，并应根据所处位置的相应构件的防火要求进行构造处理。

3.6 天桥与站房主体连接处伸缩缝面板应美观、耐用，其标高应与天桥楼面及站房楼面一致。

4 其他

4.1 天桥采用铝合金百叶侧封时，应采用不锈钢钉将成品铝合金百叶多点固定在立柱上，每侧固定点不应少于 2 个。

4.2 雨棚上安装的管线设备应采用专用支吊架，并满足抗震、防风、防变形的要求。

四、设备及设施

1 电梯、自动扶梯、楼梯、栏板、隔断

1.1 电梯、自动扶梯安装：

1.1.1 电梯井道采用钢化夹胶玻璃围护结构时，玻璃的安装应符合设计要求及现行《建筑玻璃应用技术规程》(JGJ 113) 的相关规定，并满足消防相关要求。

1.1.2 围护结构玻璃幕墙结构胶和密封胶的胶缝应横平竖直、深浅一致、宽窄均匀、光滑顺直、无气泡，宽度和厚度应符合现行《建筑玻璃应用技术规程》(JGJ 113) 的相关规定，密封胶上表面不应低于槽口，并为斜面；下表面应低于槽口 3mm。

1.1.3 透明井道电梯玻璃幕墙周边的遮封装饰应符合现行《玻璃幕墙工程质量检验标准》(JGJ/T 139) 的相关规定，金属装饰压板应符合设计要求，表面平整，色彩一致，接缝应均匀严密，不应有变形、波纹和凹凸不平。明框拼缝外露框料或压板应横平竖直，线条通顺。

1.1.4 当相邻两层超过 11m 时，电梯中间应设置井道安全门，安全门与层门开启方向应一致，且不应向井道内开启，门高不应小于 1800mm，门宽不应小于 700mm。

1.1.5 电梯钢丝绳、电线管、电缆槽、螺栓、螺母、垫圈等应进行防潮、防锈蚀处理。电气设备、电气元件、电线电缆应选用防潮型。

1.1.6 室外、地道内运行的电梯驱动电机、控制柜、门机、变频器等关键部件外壳保护等级不宜小于 IP54；室内运行的电梯关键部件外壳保护等级不宜小于 IP43。

1.1.7 自动扶梯控制柜、安全开关、钥匙开关、停止按钮、插座等电气件的外壳保护等级，室外型不宜小于 IP54；室内型不宜小于 IP43。

1.2 楼梯石材应拼缝严密、密度一致、图案清晰，踢面和踏面光泽度应一致；防滑槽位置应准确、平直，排列应均匀整齐。

1.3 栏板、隔断的安装应符合下列要求：

1.3.1 栏板、隔断所用材料的品种、材质、规格应符合设计要求。

1.3.2 站台外侧栏板应设置伸缩缝，伸缩缝设置应与站台墙设缝位置一致。栏板底部设挡台时，阳角处应做圆弧处理。

1.3.3 栏板立柱宜布置在石材接缝处，布置在石材中部时，石材应提前开孔，不应对石材切割后再填补。附墙扶手宜采用圆弧形连接件与墙体安装。

1.3.4 不锈钢材料宜采用奥氏体不锈钢，其化学成分应符合现行《不锈钢和耐热钢牌号及化学成分》

（GB/T 20878）的相关规定。栏杆立柱宜采用 Q345 钢或 S22053 双相型不锈钢。

2 设备及末端

2.1 设备末端的颜色、质感应与装饰材料相协调。设备末端嵌入墙体时，中心线应居中或与墙面装饰分格对齐。

2.2 结合吊顶布置的设备末端应保证吊顶的整洁和美观，末端设备与非密拼吊顶间宜采用离缝处理。吊顶内风管、吊杆和支架等应平整顺畅，离缝吊顶内风管、吊杆和支架宜刷深灰色面漆暗化处理。

2.3 空调、通风等设备末端安装宜采用减振吊杆和采取隔振措施，机电设备和管线应根据抗振要求设置支吊架。

2.4 设备管线及末端安装应耐久牢固，避免与吊顶龙骨发生冲突。

2.5 盖板、通风口、消火栓箱（柜）门面层等的装修材料应与周围装修材料相协调，柜门与周围装修材料宜密缝。风井出口盖板应做防水封堵和防腐处理。

2.6 与四电设备无关的给水、排水管线及风管严禁穿越设备机房，墙体不应有消火栓箱嵌入式安装。机电设备的电气柜不宜设于制冷机房、热力机房、消防泵房等有水的房间，确需设置时，电气柜上方不应布置给水、排水管线。

2.7 吊顶设计如遇特殊集中荷载（重量较大的悬吊物或有振动的设备）时，吊杆应根据荷载及重量另行计算，直接与结构梁板固定，不宜与吊顶系统联结，不宜共用吊顶吊杆。设备末端安装在轻钢龙骨石膏板吊顶范围时，质量不小于 3kg 的灯具、空调等或有振颤的设施，应直接吊挂在建筑承重结构上；质量小于 3kg 的灯具等设施可安装在次龙骨上；质量不大于 1kg 的灯具可直接安装在吊顶饰面板上；施工安装措施应验算结构的安全性。

2.8 灯具安装应符合下列要求：

2.8.1 照明灯具应安装在可承受其重量的结构上；大型灯具的安装固定措施应通过结构计算确定；站房公共区域、独立商务候车室和其他建筑高大空间的灯具应采取加吊链或加防护罩等防止灯具坠落的措施。

2.8.2 照明灯具及其他相关设备安装位置和安装方式应方便后期维护。大空间场所宜设马道，无马道时宜设移动式升降平台。

2.8.3 灯具安装不宜采用焊接方式。

2.8.4 灯具罩应有防坠落装置。